高填方涵洞受力特性及格栅加筋减载方法研究

马 强 肖衡林 著

中国建筑工业出版社

图书在版编目(CIP)数据

高填方涵洞受力特性及格栅加筋减载方法研究/马强，肖衡林著. —北京：中国建筑工业出版社，2023.3
ISBN 978-7-112-28353-8

Ⅰ.①高… Ⅱ.①马… ②肖… Ⅲ.①涵洞工程-研究 Ⅳ.①U449

中国国家版本馆 CIP 数据核字（2023）第 026618 号

本书在对高填方涵洞土压力及其影响因素分析的基础上，对复杂地形和地基条件下涵洞的选址选型以及三向土工格栅加筋减载进行了系统的研究和介绍，对高填方涵洞的设计与施工具有重要的参考价值。全书共分为 8 章，主要内容包括绪论、高填方涵洞土压力及影响因素分析、复杂地形和地基条件下涵洞选型、高填方涵洞减载机制与数值模拟、高填方涵洞新型格栅加筋减载的现场试验、高填方涵洞加筋减载的涵顶土压力计算、高填方涵洞新型格栅减载的数值模拟分析、结论及建议。

本书适合从事公路工程和铁路工程的工程技术人员和科研人员参考。

责任编辑：杨　允　刘颖超
责任校对：党　蕾

高填方涵洞受力特性及格栅加筋减载方法研究
马　强　肖衡林　著

*

中国建筑工业出版社出版、发行（北京海淀三里河路9号）
各地新华书店、建筑书店经销
北京科地亚盟制版公司制版
建工社（河北）印刷有限公司印刷

*

开本：787 毫米×960 毫米　1/16　印张：7¾　字数：151 千字
2023 年 5 月第一版　　2023 年 5 月第一次印刷
定价：50.00 元
ISBN 978-7-112-28353-8
（40759）

版权所有　翻印必究
如有印装质量问题，可寄本社图书出版中心退换
（邮政编码 100037）

前　言

高填方涵洞广泛应用于山区和黄土地区高速公路建设中，高填方涵洞上覆填土荷载较大，且受力机理复杂，影响因素众多，其受力特性不仅与结构物的埋设位置、埋设方式（上埋式或者沟埋式）有关，还与填土高度、地形条件、地质条件、填料性质、结构形式、结构几何尺寸等因素有关。由于对高填方涵洞土压力及其影响因素认识不清，工程中经常出现涵顶开裂等病害。三向土工格栅具有独特的物理力学性能，将其用作加筋材料对高填方涵洞进行加筋减载，可获得良好的经济效益和社会效益。

本书在对高填方涵洞土压力及其影响因素分析的基础上，对复杂地形和地基条件下涵洞的选址、选型以及三向土工格栅加筋减载进行了系统研究。研究成果对高填方涵洞采用加筋减载法的设计与施工具有重要的参考价值。

在国家自然科学基金委员会、湖北省交通运输厅等各级领导的关怀和支持下，湖北工业大学联合中国地质大学、兰州交通大学等多家单位成立了"涵洞受力性能与减载关键技术与应用"课题攻关小组。经过十余年的艰苦努力，课题组在高填方涵洞土压力、涵洞减载和地基处理等方面取得了一系列研究成果。目前，研究成果已在湖北省境内汉十高铁、荆潜高速、十堰市东环公路和郧十高速公路等工程中得到成功应用。同时，还应用于山西、贵州、湖南、陕西和甘肃等十余条高速公路和铁路工程，取得了显著的经济效益和社会效益，具有重要的理论意义和工程应用价值。为了有效总结高填方涵洞受力特性和加筋减载基础理论和技术成果，特撰写本书。

作者在高填方涵洞减载机理研究过程中得到了湖北工业大学土木建筑与环境学院的庄心善、李丽华、刘永莉、胡其志、杨智勇、万娟等老师和郗楚辰、张兴驰、李瑞恒、陈卓等研究生的支持与帮助，在此表示衷心的感谢。同时也衷心地感谢本著作中被引用文献资料的作者们。

由于作者水平有限，书中难免存在疏漏和不足之处，敬请各位读者批评指正。

目 录

第1章 绪论 ··· 1
1.1 研究背景 ·· 1
1.2 研究意义 ·· 2
1.3 国内外研究现状 ·· 4
1.4 本书主要工作内容 ··· 12

第2章 高填方涵洞土压力及影响因素分析 ································ 14
2.1 概述 ·· 14
2.2 高填方涵洞受力特性分析 ··· 14
2.3 涵洞受力与位移的影响因素分析 ·· 16
2.4 本章小结 ·· 29

第3章 复杂地形和地基条件下涵洞选型 ·································· 31
3.1 洞口选型 ·· 31
3.2 基础选型 ·· 31
3.3 涵体选型 ·· 45
3.4 本章小结 ·· 57

第4章 高填方涵洞减载机制与数值模拟 ·································· 59
4.1 概述 ·· 59
4.2 涵洞减载原理 ··· 59
4.3 涵洞减载措施 ··· 61
4.4 本章小结 ·· 69

第5章 高填方涵洞新型格栅加筋减载的现场试验 ······················· 70
5.1 概述 ·· 70
5.2 现场试验 ·· 70
5.3 现场试验成果分析 ··· 73
5.4 本章小结 ·· 85

第6章 高填方涵洞加筋减载的涵顶土压力计算 ·························· 87
6.1 概述 ·· 87
6.2 理论分析 ·· 87
6.3 算例分析 ·· 91
6.4 参数分析 ·· 92

  6.5 本章小结 ·· 95
第 7 章 高填方涵洞新型格栅减载的数值模拟分析 ······················ 96
  7.1 概述 ·· 96
  7.2 计算模型选取 ·· 96
  7.3 数值模拟结果 ·· 97
  7.4 本章小结 ·· 104
第 8 章 结论及建议 ··· 106
参考文献 ·· 109

第1章 绪 论

1.1 研究背景

随着我国改革开放的不断深入和基础设施建设的迅速发展,高等级公路的建设进入了蓬勃发展的时期,高等级公路对促进国民经济的发展起到了积极的作用,主要体现在高等级公路快速、舒适、经济、安全等方面。为满足线形要求,高等级公路往往不可避免地需要穿越沟谷地区,因而高填深挖路基不断增加,而高填方地区一般为地势低洼的地带,为满足排水的要求,在这些路段必须修建涵洞或桥梁。一般来说,与铁路桥梁相比,公路桥梁幅面较宽,其造价通常高于高填方路堤,且高填路堤作为永久性工程,养护费用远低于桥梁。将路堑及隧道开挖的土石方应用于高填方路堤,实现挖、填方平衡,可以显著地降低公路的整体造价。因此,高填方涵洞作为一种经济的跨越结构,在山区及黄土地区公路建设中广泛应用。

山区高速公路涵洞填土高度一般较大,尤其是高填方路段,涵洞填土高度多在 10m 以上[1],甚至会有填土高度超过 40m 的超高填方涵洞。由于填土荷载大,地形地质情况复杂多变,涵洞的受力及变形特性往往较为复杂,再加上涵洞选址或选型不当,导致涵体出现应力集中和不均匀沉降等问题,引起各种不同程度的病害。这些病害轻则引起涵洞开裂、渗漏或积水,重则致使涵洞结构破坏,甚至出现垮塌,影响公路的正常使用。

在涵洞病害发生后,必须不断地对其进行及时的修复和加固处理以保证涵洞的正常运营。由于涵洞埋设于路堤填土之中,处理难度通常较大,维护时需要花费大量的人力、物力和财力,给交通管理部门带来额外的经济负担和巨大的社会压力。

正确认识高速公路高填方涵洞土压力的分布和变化规律,明确影响涵洞受力的各种因素,并对涵洞采用合理的减载措施,一方面可以避免涵洞病害产生,提高高等级公路的使用寿命,保证公路正常运营;另一方面可以结合减载进行涵洞设计,降低高填方涵洞的工程建设成本。综上所述,开展高填方涵洞受力特性及减载方法研究可为高速公路高填方涵洞工程的设计和施工提供指导,具有非常重要的理论意义和工程应用价值。

1.2 研究意义

高填方涵洞病害现象较为普遍，工程界有"十涵九裂"的说法[2]（图1-1中为某涵洞开裂及处理的现场照片）。总结涵洞病害产生的原因，主要是涵顶上覆填土荷载过大，影响涵洞受力和变形的因素众多，而现有的公路规范没有考虑涵-土之间的相互作用，将填土孤立地视为外部荷载并简化为线性荷载作用于涵洞结构物之上，没有考虑影响涵洞受力的地形、地基条件等诸多因素。

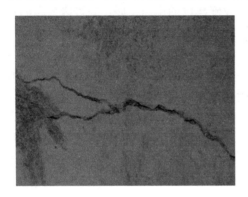 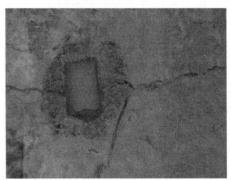

图 1-1　涵洞裂缝及处理

高填方涵洞的结构承受的上覆土压力较大，土压力的准确评估非常重要。过小估计土压力会造成涵洞开裂甚至破坏，而过大估计土压力又会增大涵洞结构尺寸，造成浪费。而且高填方涵洞受力机理复杂，影响因素众多，其受力特性不仅与结构物的埋设方式（上埋式或者沟埋式）有关，还与填土高度、地形条件、地质条件、填料性质、结构物几何尺寸等诸多因素有关[3,4]。正确认识各种因素对涵洞受力的影响规律，开展涵洞受力特性及影响因素的研究，对涵洞设计施工都具有非常重要的意义。

此外，为降低高填方涵洞所承受的土压力，应对其采取必要的减载措施。涵洞尤其是高填方涵洞减载技术已经有了几十年的发展，然而现有的减载措施要么减载费用较高或施工复杂，要么减载效果不佳或质量难以保证，从而制约了减载技术的推广和应用。如何获得一种减载效果明显且施工简便、造价低廉的减载措施成为不少国内外学者关注的问题。杨锡武[5]提出了一种加筋减载措施，通过在涵顶柔性填料上方设置加筋层来控制柔性填料可能产生的过大压缩对路面结构的影响。该措施对加筋材料的刚度有较高的要求，通常情况下普通土工织物难以满足要求。

随着材料科学的发展，土工合成材料也不断发生变革[6-8]，各种高强度的新型土工格栅应运而生。加筋减载措施可采用土工格栅材料作为加筋材料，而作为加筋材料，格栅对填土的嵌锁能力及其自身的刚度是两个重要指标。

坦萨土工合成材料公司开发的三向土工格栅对格栅肋条的截面形状、肋条厚度、节点有效性、网孔形状和平面刚度进行了改进，提高了土工格栅对粒料的约束与嵌锁能力。三向土工格栅的各项性能较双向土工格栅有了很大的提高，在工程应用中，其表现优于传统的双向土工格栅，其与粒料相结合，可以形成性能优越的力学稳定层。

与双向土工格栅在两个方向具有拉伸刚度相比，三向土工格栅的刚度为三个方向或者说任意方向，并通过稳定的三角形结构使三个方向的刚度得到进一步加强，在360°方向上都具有较高的刚度，使格栅的力学性能接近于各向同性，如图1-2所示。

图1-2 三向土工格栅示意

三向土工格栅结点的强度与肋条强度相等，结点构造如图1-3所示。肋条厚度更大，如图1-4所示，在力学稳定层中，粒料颗粒嵌锁在土工格栅中，并被网孔所约束，从而形成了一种性能更好的加强复合体。

将具有较强嵌锁能力和较大刚度的三向土工格栅用于柔性填料上方的加筋层，加筋减载措施将不失为一种经济有效的减载措施。

图1-3 三向土工格栅节点示意

图1-4 三向土工格栅肋条截面示意

为明确涵顶土压力变化规律,完善高填方涵洞加筋减载方法,确定了本书的研究内容。

1.3 国内外研究现状

公路涵洞(管)是埋设在路堤的通道或疏水构造物,其跨度一般小于6m,按其顶部填土情况分为明涵和暗涵两类:明涵是指涵顶不填土的涵洞,适用于低路堤;暗涵是指涵顶填土高度大于50cm的涵洞,适用于高路堤[9]。一般地,将涵顶填土高度大于10m的涵洞称为高填方涵洞。

根据涵洞的适用性和特点,常用的涵洞结构形式有盖板涵、拱涵、管涵和箱涵四种[10],如图1-5所示。涵洞的结构形式主要根据使用功能和工程造价等因素进行选择,各自的适用性及特点见表1-1。

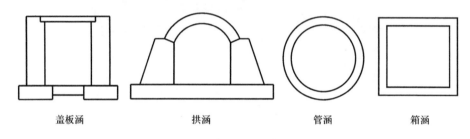

盖板涵　　　　　拱涵　　　　　管涵　　　　　箱涵

图1-5 常见涵洞结构形式

常用涵洞特点及适用性　　　　　表1-1

结构形式	跨径(m)	适用填土高度	涵周土压力分布	优缺点
盖板涵	3.0~4.0	低路堤的明涵或一般路堤暗涵,一般0~16m		构造简单,施工简便,施工周期较短
拱涵	3.0~4.0	高路堤时设置,可用于填土10m以上情况		跨径较大,受力性能较好;施工工序繁多,施工周期长
管涵	1.0~2.0	可用于高填土路堤		不需墩台,圬工量少,造价低;安装困难,只能作为排水涵
箱涵	小于5.0	明涵或一般路堤暗涵		整体性强,钢筋用量大,造价高,施工困难,工期长

当涵洞仅用来排水或过水量较小时,可选择管涵结构形式,当涵洞用作行人通道或过水量较大时,需要选用盖板涵或拱涵才能满足要求。盖板涵施工简便、工期短、材料用量小、造价较低,因而填土较低时通常优先选用盖板涵。当填土较高时,盖板所受的竖向土压力较大,结构设计困难,因而常选择承载能力较高的拱涵。

1.3.1 涵洞土压力及受力特性的研究现状

Marston（1913）[11]认为由于涵体与涵侧土体之间存在刚度差异，涵顶内土柱与涵侧外土柱之间会产生相对滑移，因此它们之间存在剪切滑动面，内外土柱之间的相对滑动使涵顶产生附加荷载，如图 1-6 所示。基于散体材料的极限平衡理论，他提出的涵顶土压力理论计算公式中考虑了涵体与填土的刚度比，当涵体与填土刚度比大于 1.0 时，作用于涵顶的竖向土压力等于涵顶土柱自重与附加荷载之和，当涵体与填土刚度比小于 1.0 时，附加荷载反向，竖向土压力小于上覆土柱自重。Spangler（1948，1950）[12-14]认为管涵上的内土柱和两侧外土柱沉降都会使管涵顶部产生压力，管涵侧面的土压力均布作用于管径的全宽度上，发展了柔性管道的计算方法，对 Marston 公式进行了修正，形成了 Marston-Spangler 理论，该理论虽然正确地解释了涵体与填土相互作用的机制，但是不能准确描述涵周土压力分布规律。对于大多数路堤填料而言，涵顶内外土柱之间剪切滑动面不能充分发展，因而，Marston-Spangler 理论过高地估计了内外土柱之间的相互作用。

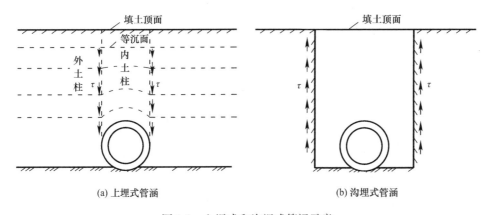

图 1-6　上埋式和沟埋式管涵示意

Voelmy（1937）[15]根据沟槽边界条件的不同，发展了柔性管涵土压力计算理论，推导了涵顶土压力计算公式，并提出了上埋式和沟埋式管涵竖向土压力计算的图解方法。К. КПеЙн（1946）[16]对弹性理论公式与散体材料极限平衡理论公式的计算结果进行了比较，给出了上埋式管涵顶部土压力系数（涵顶土压力与上覆土柱自重比值）。

曾国熙（1960）[17]认为滑动面上的水平土压力是外土柱对内土柱的作用力，应当按照主动土压力考虑，并考虑了填土黏聚力的影响，对 Marston 公式进行了修正。

Pruska（1961）[18]假定管涵上覆土体为均匀各向同性或水平成层均质弹性填

料，采用类似于分层总和法的计算方法，对每层涵顶填土的变形进行计算，然后运用弹性理论反算涵顶土体不均匀沉降引起的附加荷载，将各层填土附加压力与涵顶上覆土柱自重之和视为涵顶竖向土压力。

顾安全（1963）[19]根据弹性半空间中的应力分布，从变形条件出发，得到了以弹性理论为基础的涵顶竖向土压力计算式。他将影响涵顶竖向土压力的各种因素归结到涵顶平面内外土柱体之间的沉降差 Δs，其定义为涵侧外土柱沉降与涵顶内土柱沉降在涵顶平面处的差值。当 $\Delta s > 0$ 时，涵顶竖向土压力大于其上覆土柱自重，涵顶产生土压力集中现象；$\Delta s < 0$ 时，涵顶土压力将小于其上覆土柱自重。

除了理论分析，国内外学者还通过模型试验和现场测试对涵周土压力分布及变化规律进行了研究。

Höeg（1968）[20]通过模型试验，在钢管上方填铺 1～2 倍管径的砂土，并在砂土上方采用气袋加载来模拟不同填土荷载对管涵土压力的影响。他的测试结果表明，管涵刚度越大，管顶土压力越大，刚性管涵顶部竖向土压力系数约为 1.42。Dasgupta（1991）[21]通过模型试验对一截面尺寸为 1.35m×1.35m 的方形截面箱涵进行了模型试验，测试得到涵顶平面平均土压力系数约为 1.32，在涵顶边缘处涵顶土压力系数最大，达到 1.90。Bennett（2005）[22]和 Song（2020）[23]通过一系列模型试验，对涵洞的变形、应力和应变进行测量和比较。上述学者以及 Penman（1975）[24]的测试成果都表明，刚性涵洞结构顶部的土压力超出其上覆土柱体自重压力 50%～100%。

折学森（1989）[25]利用室内模型试验研究了地形条件对涵洞受力的影响规律，验证了沟谷地形对涵顶的减载作用，并在弹性理论基础上，推导了沟埋式涵洞土压力的计算公式。杨锡武（2005）[4,26,27]通过模型试验研究了宽、窄沟谷中心设涵和边坡坡脚设涵三种边界条件下高填方涵洞涵顶竖向土压力的变化规律。他的试验结果表明，涵洞顶部填土达到一定高度后，将产生土拱效应，从而使涵顶土压力小于上覆土体自重压力。但是，该拱具有不稳定性，使涵顶土压力随填土高度呈非线性变化。程海涛（2008）[28]利用离心模型试验研究了涵体周围土体的变形与受力特性。翁效林（2008）[29]通过离心模型试验研究了不同边界条件下高填方涵洞竖向土压力随填土高度的变化规律以及涵洞周围填土的位移情况。由于沟谷地形的影响，涵顶填土达到一定高度后会产生不稳定的拱效应。涵洞埋设于宽坦地形时，涵顶竖向土压力略大于土柱压力。柔性材料管涵的涵顶竖向土压力小于土柱压力，且填土越高，涵顶土压力减小越明显。

此外，还有部分学者通过数值模拟对涵顶土压力及涵洞受力特性进行了分析。

李永刚（2001，2008）[30-32]通过理论分析、数值模拟和模型试验对沟埋式涵洞进行了较系统的研究，分析了涵洞侧墙到沟谷边坡距离对涵顶土压力的影响。

其研究成果表明，当涵洞侧墙到沟谷边坡距离小于涵洞的宽度时，涵顶土压力系数随填土高度的增大而减小；当涵洞侧墙到沟谷边坡距离大于涵洞宽度时，涵顶土压力系数随填土高度增大先增大后减小；在侧墙距边坡大于 7 倍涵宽后，边坡对涵体的影响基本上可以忽略，可将 7 倍涵洞宽度作为沟埋式与上埋式涵洞的临界沟谷宽度。沟谷宽度、填土高度和填土内摩擦角增大时，涵顶竖向土压力系数增大。路堤填料黏聚力增大时，涵顶土压力系数减小。填土高度达到等沉面高度时，涵顶土压力系数最大，当沟谷与涵洞宽度比值增大时，等沉面高度增大。邓国华（2004）[33]通过数值模拟分析了上埋式涵洞涵顶土压力随填土高度的变化规律，指出涵洞土压力系数随着涵顶填土厚度增大而逐渐增大，最终趋于一定值，且涵洞两侧填土不均匀会引起涵顶土压力的增大。Kim（2005）[34]应用有限元法分析了深埋混凝土箱涵与填土间的相互作用机理，得出了在不同埋设方式下，土体和涵洞等参数对涵-土相互作用的影响。

1.3.2 涵洞减载措施研究现状

高填方引起的涵顶土压力集中往往造成涵顶纵向开裂，成为高填方涵洞工程的典型病害。如何降低高填方涵洞土压力集中程度，国内外学者在涵洞减载措施方面进行了大量的研究，并取得了一系列的研究成果。

如图 1-7(a) 所示，Marston（1913）[11]在研究涵洞土压力理论时，提出了一种人工沟槽减载措施，该方法在管涵埋设之前，首先在天然地面开挖沟槽，然后在沟槽中铺设涵管，随后向人工沟槽中回填松散填土，人为地将上埋式涵洞转化为沟埋式涵洞，以达到减载目的。

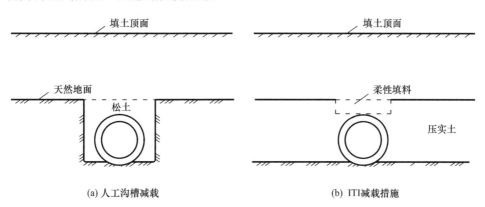

(a) 人工沟槽减载　　　　　　　　(b) ITI减载措施

图 1-7　管涵常用的两种减载方法

Marston（1930）[35]通过对引起管涵压力集中的原因进行分析，提出了另外一种人工减载措施——Imperfect Trench Installation（ITI），如图 1-7(b) 所示，即在管顶一定高度范围内铺设柔性材料对管涵进行减载。Spangler

(1950)[14]对此方法加以改进,提出了以下减载措施:先在涵顶填筑一定高度的填土并压实,然后再开挖涵顶填土并换填柔性材料。随后,逐渐形成了各种相近机理的减载措施,这些措施已为工程实践所采用。

由于涵洞减载措施多样,减载机理复杂,采用试验方法研究涵洞减载效果是一种较为直观可靠的手段,因而,国内外对涵洞减载措施及效果也多采用试验进行研究。

早期的涵洞减载措施多采用干草、秸秆等天然材料或废弃材料作为柔性填料填筑于涵管顶部。Larsen(1962)[36]在管涵顶部铺设干草进行减载,并将其与未减载管涵进行了对比测试。涵顶铺设干草后,涵顶填土高度达到17m,结构物尚未出现开裂现象,而未采取减载措施的管涵在填土10m时已严重开裂。Taylor(1973)[37]将含秸秆的松土铺设于涵顶,对一填土高度为9m的管涵进行了减载试验。对涵顶土压力连续7年的测试结果显示涵顶土压力仅为上覆土柱自重压力的1/2左右。顾安全(1981)[38]通过在室内开展的模型试验,对涵顶铺设松土、谷壳、稻草等柔性填料时的减荷效果研究,得出了涵顶铺筑柔性填料后能够取得较好的减荷效果的结论。Spangler(1982)[39]报道了美国一道直径5.5m的波纹管顶部采用914mm厚的干草减载的实例。当填土高度达到25.3m时,干草层被压缩到279mm,此时管顶压力实测值约为上部填土自重压力的一半。Sladen(1988)[40]介绍了2.1m和2.5m管径的管涵上部采用厚度1.2m的稻草和聚苯乙烯塑料泡沫珠粒减载的效果,测得的涵顶竖向土压力仅为其上覆土柱自重压力的0.2~0.4倍。

Stone(1991)[41]和Okabayashi(1994)[42]对埋设于干砂中的箱涵进行了柔性材料减载的离心模型试验,通过光弹试验,得到了填土中的应力分布,验证了箱涵上方土拱效应的存在。Hansen(2001)[43]对德国Brunswick地区的49座采用ITI减载措施的管涵进行了调研。这些管涵建成2~10年,涵顶柔性填料为锯末或碎木片,厚度0.5~1.5倍涵宽,宽度等于管涵外径。他所调查的49座涵洞中,只有两座管涵部分节段顶部出现了纵向裂缝,而出现裂缝的节段填土高度没有达到采用减载措施的临界填高,故而没有采用减载措施,相同管涵填土最高的两个节段,填土达到了32m,却没有任何裂缝产生,由此证实了ITI减载措施的长期有效性。McAffee(2008)[44]在一填土高度为19.4m的管涵上方进行了现场减载测试。管涵直径3.75m,上覆2.75m厚的锯末,填土完成时,测得的涵顶竖向土压力约为上覆土柱自重压力的0.16~0.24倍,涵侧土压力约为土柱自重压力的0.33~0.45倍。Lee(2007)[45]通过试验研究了涵顶采用废旧轮胎作为轻质回填材料的涵顶减载效果。

EPS(可发性聚苯乙烯)板是一种压缩性能较好的人工材料,在涵洞减载措施中作为涵顶柔性换填材料,在国内外也有着广泛的研究与应用。

Vaslestad（1991，1993）[46,47]在两个足尺涵洞顶部开挖减载孔并铺设超轻聚苯乙烯块，研究了涵洞长期受力特性及柔性材料的长期减载效果，由于聚苯乙烯材料成本较高，制约了其在高速公路工程中的应用。利用 EPS 板作为涵顶柔性材料，对三座刚性涵洞进行了减载和长期测试。他的测试结果表明涵洞减载效果与路堤填料性质有关，碎石土中 EPS 板的压缩变形为 27%，淤泥质黏土中 EPS 板的压缩变形为 42%，而填料为碎石土时，涵顶土压力减小为上覆土柱自重压力的 30%，填料为淤泥质黏土时涵顶土压力减小为上覆土柱自重压力的 50%。随着时间推移，碎石土填料下的涵顶土压力与 EPS 板的变形不再增加，而淤泥质黏土中的 EPS 板压缩量略有增长。

王晓谋（1986，1990）[48,49]从涵顶平面填土的差异沉降出发，通过系列室内模型试验研究了涵顶土压力的减载机理，通过在涵顶铺设海绵替代 EPS 板进行试验，得到了不同压缩模量、不同厚度海绵的涵顶土压力增长规律。结果证实了涵顶铺设柔性海绵能够有效减小涵顶竖向土压力，并在顾安全公式的基础上推导了采用 EPS 减载措施的涵顶竖向土压力计算公式。顾安全（2003）[50]对一座填高为 26m 的拱涵采用 EPS 板进行了减载处理，并对土压力进行了测试，试验分为 10 个试验节段，其中两个试验节段分别在涵顶铺设松砂和松土作为对比，5 个试验节段在涵顶铺设 5~30cm 厚不等的 EPS 板，其余 3 个节段不作减载处理。测试结果表明，EPS 板减载效果优于松砂和松土，EPS 板厚度越厚，减载效果越明显。随着填土高度的增加，松散砂土由于逐渐压实，其减载效果逐渐减弱。顾安全（2005）[51]又对四川省南广高速公路的两个高填方盖板涵进行了竖向土压力与侧向土压力减载试验，得到涵顶与侧墙同时铺设不同厚度的 EPS 板时涵周土压力大小，结果涵顶竖向土压力减小了 1/2~2/3，涵侧水平土压力减小了约 1/2。顾安全（2009）[52]通过多工况条件的 EPS 板减载试验的对比，针对涵顶与涵侧同时采用 EPS 板减载情况下的侧向土压力，推导了新的计算公式，提出了简明的 EPS 板设计方法。

刘静（2002）[53]在甘肃兰石和兰临高速公路对三座拱涵进行了 EPS 板减载试验，三座拱涵涵顶填高分别为 42.5m、36.5m 和 35.3m，EPS 板的厚度分别为 63cm、42cm、32cm 和 21cm，试验结果表明 EPS 板的减载效果与其厚度密切相关。王俊奇（2003）[54]也对不同厚度 EPS 板减载效果进行了对比分析，通过现场测试对 EPS 板减载进行了研究，指出相同密度的 EPS 板，随着厚度增大，涵洞顶土压力减小。康佐（2008）[55,56]利用离心模型试验，对 EPS 板减载后的拱涵周围土体的位移进行了观测。他的观测结果表明，填土高度较低时，涵顶 EPS 板没有明显的变形，随填土高度增加，EPS 板上覆土体内部出现圆拱形裂缝，圆拱范围内的土体随 EPS 板的压缩而发生位移，并通过摩擦将自身荷载转移到两侧土体，起到减载作用。此外，EPS 板的密度同样影响其减载效果，罗继前（2004）[57]和张卫兵（2005）[58]通过现场原位减载试验，测试了对应不同EPS板密度下涵顶土压力的减载特性。Sun等（2011）[59]对采用EPS减载材料减载的涵洞进行了为期5年的观测，观测结果显示涵顶最终土压力是没有减载措施部位的10%左右。

上述研究表明，可压缩材料作为回填材料能够有效地减小涵顶受到的土压力。天然材料或废弃材料由于材料、施工和减载效果的原因而未能得到应用，而且不能对减载的大小定量计算，不能定量计算出采用的柔性材料能承受或减少多大涵顶土压力。而EPS板价格较高，减载成本较高。这些因素都限制了上述减载措施在工程中的推广应用。在ITI减载措施的基础上，杨锡武（2004—2007）[5,60,61]提出的"加筋桥"减载的方法，在涵顶上方一定宽度和高度范围内，用低压实度的松散填料进行填筑，而周围采用常规压实填料，在松散填料上方铺设加筋材料，利用加筋将上覆填土荷载转移到涵洞两侧土体，达到减载的目的。

影响减载后涵洞受力与位移特性的因素众多，由于试验条件和经费等限制，不可能将影响高填方涵洞土压力和减载效果的各因素都通过试验进行研究。此时，数值模拟研究涵洞减载效果成为一种有效的手段，因而，国内外也有大量利用数值模拟对涵洞减载措施及影响因素的研究。

Dancygier（1994）[62]利用有限元法，研究了涵顶设置不同宽度和厚度柔性材料时的减载效果，数值模拟的结果表明，作用在涵顶的土压力随柔性材料的宽度变化而变化，当其宽度达到某一特定宽度时，涵顶土压力最小。而且涵顶填土高度越高，柔性材料减载效果越明显。郝宪武（1994）[63]采用有限元方法对涵顶填筑柔性材料的高填方管涵进行了分析，对涵体采用弹性模型进行计算，而对填土与柔性材料采用黏弹塑性模型进行计算，得到了涵体周围土压力及内部应力的分布规律。白冰（1993，1997）[64,65]测试了聚苯乙烯泡沫塑料（EPS）的性能参数，将EPS用于涵顶减载材料进行了模型试验，利用有限元进行了数值模拟，研究了采用EPS材料减载的地下构筑物周围土压力分布规律。Sun等（2005）[66]应用有限元数值模拟，研究了在深埋地下构筑物顶部铺设轻质泡沫材料后，构筑物顶部的土压力分布及构筑物结构受力情况。Kang等（2007）[67]建立了有限元数值模型，分析了采用ITI法降低涵顶竖向土压力的有效性，并做了一系列的参数分析，对软弱层的位置、厚度以及周围填料的影响进行了研究，从而得出一种优化的方法以期得到降低涵顶竖向土压力的最佳效果。马强（2010）[3]应用有限元数值模拟，研究了不同减载措施的减载效果，探讨了高填方涵洞的减载机制。

上述减载方法虽然力学机理明确，但是由于柔性材料的填充厚度、压缩量、减载后的土压力大小都难以定量计算，设计中难以应用。某些方法施工操作复杂，不便于工程应用与质量控制，柔性填料上部沉降压缩量难以控制，控制不好会引起路面的沉降。因此，制约了其在公路高填方涵洞减载中的应用。而加筋减载方面,由于目前缺乏原位试验结果的支撑以及明确的减载结构计算理论和方法,难以计算该方法减载量的大小,难以评估减载效果,因此制约了其在工程中的推广和应用。

1.3.3 筋-土界面性能的研究现状

加筋减载措施主要由减载孔和加筋层两部分组成,加筋层作为加筋减载措施的重要组成部分,无论是进行理论分析还是数值模拟,要准确分析加筋减载措施的减载机理和应用效果,需要对筋-土作用机理有清楚的认识。国内外诸多学者在筋材-土作用机理和应用效果方面进行研究,取得了系列成果[68-70]。这些研究主要有以下方面:

国内外学者主要通过拉拔试验和直剪摩擦试验对筋-土界面性状进行研究,Ingold(1981)[71]、Richardson(1987)[72]、Kokkalis(1989)[73]、Palmeira(1989)[74]、肖为民(1992)[75]、Farrag(1993)[76]和徐林荣(2001)[77]等通过拉拔和直剪摩擦试验对筋土界面性状与相互作用机理进行了研究,他们的研究表明,在相同的法向应力作用下,等效拉拔力随填料粒径的增大而减小,随法向应力的增大而增大。同时还发现,筋土界面的摩擦系数随筋材各点位移而变化。

此外,Gray(1983,1986)[78,79]、Ingold(1983)[80]、Brows(1989)[81]和马时冬(1992)[82]等人采用三轴试验对土的加筋机理进行了研究,他们认为,土工织物的加筋作用相当于对土体增加了一个侧向约束力。俞仲泉(1989)[83]利用离心模型试验进行了一系列的室内模型试验,认证了土工织物和砂垫层复合加固软土地基的可行性。吴景海(2000)[84]通过三轴试验分析了5种不同类型的土工合成材料与砂土间的界面强度和相互作用机理,并对各种格栅的加筋效果进行了分析。魏红卫(2007)[85]利用三轴试验对筋材与黏性土的界面强度特性进行了研究,试验结果表明了加筋后土体的残余强度与未加筋时相比得到了大幅度的提高。

国内外学者对加筋土应用效果的研究主要是通过模型试验、现场试验以及有限元分析来进行的。

Temel(1994)[86]通过大型土工格栅加筋砂垫层模型试验,采用矩形荷载板作为基础,通过试验与有限元分析,得到了加筋砂垫层中单层加筋的加筋深度与多层加筋的加筋最优间距及加筋长度。包承纲(2006)[87]对格栅与土之间的界面特性进行了系统地研究,揭示了筋-土相互作用机制,并通过室内试验和现场试验对该机制进行了验证。Zhang(2008)[88]通过理论分析和模型试验对多层土工合成材料的加筋机理进行了研究,并通过三轴试验结果与理论结果的对比分析,对理论方法的合理性进行了验证。

虽然模型试验实施方便,测试精度高,但是现场试验能够更好地反映实体的特征。Guido（1986）[89]在软弱地基土中加入3种不同土工格栅进行了对比试验研究，研究结果表明荷载板尺寸一定时，对于不同型号的土工格栅，随着加筋深度的增加，多层加筋土体的承载力比值下降，且承载力比值随着层间距加大而减小。在保持一定的深度和层间距的情况下，获得最优加筋土体承载力比值的加筋层数为三层。林开球（1989）[90]采用现场载荷试验研究了加筋软基的承载力特性。Hufenus（2006）[91]利用现场原位试验对土工合成材料加固软土地基的作用机理和效果进行了分析。胡启军（2007）[92]在现场观测了软基上土工格栅加筋垫层的受力特性，发现顶层格栅拉力较大，格栅沿横向的受力要比纵向大。

朱湘等（2002）[93]通过有限元方法对软土层厚度、加筋模量、加筋层数及位置、筋-土界面强度、地基强度和施工速度等影响加筋效果的因素进行了分析和计算。顾长存（2005）[94]分别对路堤底部铺设一层、两层土工格栅及无土工格栅时路堤底部的竖向位移、堤趾点的水平位移和路基表面侧向位移等问题进行了分析。毛林峰（2006）[95]通过对软基上土工格栅加筋路堤的非线性有限元分析（接触问题在本质上属非线性），研究了土工格栅加筋对软基位移场的影响。张志清（2007）[96]指出对筋材进行有限元计算和数值分析准确地将筋材布置在沿着主拉应变方向的拉伸变形区，可使土体中的拉应力传递给邻近的加筋材料，使筋材作为抗拉构件，而土体本身只承受压应力和剪应力。

1.4 本书主要工作内容

本书结合湖北省交通运输厅科技攻关项目"山区高速公路高填方构造物受力特性及地基处理研究与应用"和山西省交通运输科技攻关项目"新型土工格栅在黄土地区高速公路中的应用研究"，依托银（川）武（汉）线中湖北十堰至陕西漫川关高速公路工程和长（治）安（阳）高速中山西长治至平顺等高速公路工程，采用现场试验、理论分析和数值模拟相结合的手段，对高速公路高填方涵洞的受力特性及影响因素进行分析，并对采用三向土工格栅加筋减载措施的高填方涵洞工作机理及性状开展系统的研究。主要研究内容包括：

（1）通过现场试验对涵顶竖向压力进行测试，并研究涵顶竖向土压力的变化规律。通过数值模拟对影响涵洞受力的几个因素进行分析，研究沟谷宽度、边坡角度、地基刚度、路堤填料性质、拱圈弧度、涵洞结构形式和尺寸对涵洞结构受力状态和位移的影响。

（2）考虑涵-土相互作用，分析涵洞减载机理。通过数值模拟考察减载后涵洞竖向土压力与位移，分析涵洞采用中松侧实法、柔性填料法、先填后挖法等方法时的减载效果，分析地基刚度和地基处理宽度对降低涵顶土压力的作用。

（3）通过现场试验对高填方涵洞采用三向土工格栅加筋减载后的涵顶土压力

进行了测试，研究高填方涵洞土压力的分布规律及涵顶、涵顶两侧和格栅上、下的土压力随填土高度的变化规律。通过对涵洞位移的监测，研究了减载后涵体位移随填土高度的变化规律。

（4）通过理论分析建立了加筋减载涵洞的力学计算模型，考虑格栅下部松散填料的支承作用，推导格栅上覆土压力及涵顶土压力解析表达式。并对格栅锚固端进行分析，得到格栅锚固长度解析表达式。通过参数分析，研究填土高度、松散填料模量及格栅刚度对涵顶减载效果的影响。

（5）利用数值模拟分析减载孔高度、格栅层数、减载孔宽度、减载孔边坡角度和松散填料模量、内摩擦角及黏聚力对涵顶土压力的影响。

第 2 章 高填方涵洞土压力及影响因素分析

2.1 概述

高填方涵洞受力机理复杂，影响因素众多，其受力特性不仅与结构物的埋设方式（上埋式或者沟埋式）有关，还与地形条件、地质条件、填料性质以及结构物几何尺寸等诸多因素有关[38]。正确认识影响涵洞受力的各种因素，开展涵洞受力特性及其影响因素研究，对涵洞的设计和施工都具有非常重要的参考价值和指导意义。

到目前为止，涵洞受力影响因素及涵顶土压力计算已有不少的研究成果，这些工作主要是通过模型试验[4,97]或有限元计算[4,33]对不同孔径、不同涵形以及不同填土高度的涵洞的受力状况进行对比分析，来反映涵顶填土的成拱效应。相对而言，对涵体结构形式的研究比较有限，许建军[98]结合贵州关岭至兴仁公路中涵洞工程对排水、灌溉涵布置的一般原则进行了介绍。张发祥[99]建立平面模型对上埋式拱涵进行了数值模拟，分析了拱涵的土压力分布规律，并对涵顶、涵底矢跨比的确定提出了一些建议。对涵洞基础形式方面的研究工作，主要是拱涵选用整体式基础与分离式基础时受力与位移的对比分析[100,101]。此外，Adel 对砂土地基上不同角度壳体基础进行了模型试验研究[102]，他的试验结果表明壳体基础承载力比整体式基础高。

针对山区公路建设的特殊性，本章采用现场测试和数值模拟手段，对山区公路涵洞在不同影响因素下的受力与位移规律进行分析，为山区公路涵洞的设计和施工提供参考和建议。

2.2 高填方涵洞受力特性分析

2.2.1 现场土压力测试

高填方涵洞作为一种深埋结构，其受力与位移不同于一般的地上建筑物。沟谷边坡对涵洞台背两侧的填土有摩擦和支撑作用，因而沟埋式涵洞顶部的土压力通常情况下小于按线性土压力理论（土柱法）的计算结果。现通过现场测试来研究涵顶土压力的分布规律,现场测试涵洞土压力盒布置如图 2-1 所示。涵洞基底以下为沟谷两边山体隧道开挖弃方,天然地基为粉砂夹碎石土,在涵洞修筑之前,地基土采用 60t 重型压路机压实。涵洞结构为钢筋混凝土拱涵,其高度 $h=8.2$m,顶部宽度 $B_1=9.9$m,基础宽度 $B_2=15.6$m,

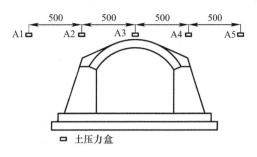

图 2-1 涵顶测点布置（单位：cm）

涵洞净跨 $b=6.0$m,涵顶上方的最大填土高度 $H=18.0$m,沟谷在基底平面处的宽度 $B=72$m,涵洞左侧墙距离岸坡 $L_L=22$m,沟谷坡角 75°,涵洞右侧墙距离岸坡 $L_R=34.4$m,沟谷坡角 60°,为非对称沟埋式涵洞。路堤填料为隧道出渣,重度 $\gamma=18.0$kN/m³。通过在最高填方节段涵顶埋设土压力盒来反映涵顶竖向土压力随填土荷载的变化规律。

2.2.2 测试成果分析

在路堤填筑期间,通过对涵顶土压力的连续观测,得到了涵顶平面土压力分布规律,如图 2-2 所示。

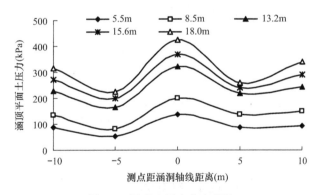

图 2-2 涵顶土压力分布规律

由图 2-2 可以看出,涵顶平面土压力存在差异,涵顶土压力大于涵侧土压力。填土高度越大,涵顶与涵侧相比土压力差别越大,涵顶土压力集中明显。由于涵洞刚度远大于涵侧填料刚度,涵洞上方土体产生差异沉降,由于土体之间摩阻力的作用,涵顶产生附加压力而出现土压力集中现象,同时涵洞台背两侧的土压力将会显著减小。在路堤填土中,随着到涵洞轴线距离的增加,涵顶两侧的土压力逐渐增大并趋于上覆填土的自重压力,该变化趋势随着填土高度的增大而变得显著。现场实测涵顶平面最大压力差值为 200kPa。由于涵洞轴线到左右边坡的距离不相等,涵顶外侧土压力在距离边坡较远的一侧将会大于距离岸坡较近一

15

侧，实测两侧涵台位置处的土压力差值为32kPa。

涵顶及其外侧土压力随填土高度的变化规律如图2-3所示。由图2-3可以看出，涵顶所在平面的竖向土压力随着填土高度的增加而呈非线性增加。实测所得涵顶土压力值大于按《公路桥涵设计通用规范》JTG D60—2015中线性土压力理论（土柱法）计算的结果，涵顶最大土压力为426kPa，涵顶两侧土压力均小于按土柱法计算结果。当填土高度较低时（$H<6m$），涵顶土压力实测值与线性土压力理论（土柱法）计算的结果比较接近；随着填土高度的增加，土压力实测值与线性土压力理论的计算结果之差逐渐增大，当填土完成时，最大差值约为102kPa。在涵顶外侧，到涵洞轴线距离相同的测点，测试所得的土压力值并不相同。到边坡距离较近的一侧，涵顶外侧的土压力较小，这主要是边坡与涵周路堤填土间摩阻力引起的。

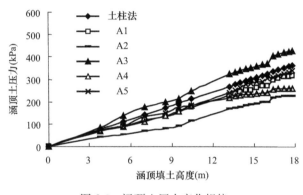

图2-3 涵顶土压力变化规律

现场测试结果说明，涵顶土压力随填土高度呈非线性增长，由于涵顶填土的土拱效应，在填土高度为9m和15m左右时，涵顶土压力增长速率略有减小。此外，涵顶土压力除与上覆填土高度有关外，还受沟谷宽度等一些因素的影响。

2.3 涵洞受力与位移的影响因素分析

到目前为止，针对涵顶土压力的研究成果主要是通过理论方法、试验方法或者数值模拟研究涵顶土压力的分布规律，而对影响涵顶土压力和涵体位移因素的相关分析却相对较少。本章通过有限元法进行数值模拟，分析沟谷宽度、岸坡角度、地基刚度、涵洞结构物与基础形式等因素对涵顶土压力的影响规律，比较涵体位移与受力状态。

2.3.1 数值模拟本构模型

计算模型包括几何和材料模型，模型选择的是否合理会直接影响计算结果的准确性。有限元数值模拟采用 PLAXIS 软件，将含涵洞的高填路段断面按照平面应变问题来进行考虑，划分网格时采用 15 节点平面三角形单元，同时通过在不同材料的接触面上使用接触单元来考虑涵洞、填土以及边坡等不同材料之间的摩擦作用。

1. 涵洞洞身及基础是混凝土材料，在计算时采用理想线弹性模型，线弹性模型基于广义胡克定律，它包括各向同性弹性模型、正交各向异性模型和各向异性模型。

理想线弹性模型所采用的本构方程为：

$$\boldsymbol{\sigma} = \boldsymbol{D}^{el}\boldsymbol{\varepsilon}^{el} \tag{2-1}$$

式中，$\boldsymbol{\sigma}$ 为应力分量向量；$\boldsymbol{\varepsilon}^{el}$ 为应变分量向量；$\boldsymbol{D}^{el}$ 为弹性刚度矩阵。

各向同性的线弹性模型是最简单的线弹性模型，它的应力-应变关系式为：

$$\begin{Bmatrix} \varepsilon_{11} \\ \varepsilon_{22} \\ \varepsilon_{33} \\ \gamma_{12} \\ \gamma_{13} \\ \gamma_{23} \end{Bmatrix} = \begin{bmatrix} 1/E & -\mu/E & -\mu/E & 0 & 0 & 0 \\ -\mu/E & 1/E & -\mu/E & 0 & 0 & 0 \\ -\mu/E & -\mu/E & 1/E & 0 & 0 & 0 \\ & & & 1/G & 0 & 0 \\ & 对称 & & & 1/G & 0 \\ & & & & & 1/G \end{bmatrix} \begin{Bmatrix} \sigma_{11} \\ \sigma_{22} \\ \sigma_{33} \\ \sigma_{12} \\ \sigma_{13} \\ \sigma_{23} \end{Bmatrix} \tag{2-2}$$

各向同性弹性模型所用的模型参数包括杨氏模量 E 和泊松比 μ，剪切模量为 G，可按下式确定

$$G = \frac{E}{2(1+\mu)} \tag{2-3}$$

2. 作为散体材料的地基土、边坡土和填土均可采用理想弹塑性模型，这类材料抗压强度远大于抗拉强度，在这类材料受剪时，颗粒通常都会发生膨胀，故选择莫尔-库仑模型。

（1）模型特性

① 材料服从经典的莫尔-库仑屈服准则；

② 材料允许产生各向同性硬化或软化；

③ 塑性流动势是光滑，在子午面上的流动势形状为双曲线，在偏应力平面上则为分段的椭圆形；

④ 在弹性阶段为线弹性；

⑤ 在岩土工程领域，单调荷载作用下材料的力学性状可用其进行描述。

（2）屈服准则

莫尔-库仑屈服准则假定剪切强度与作用在剪切面的正应力呈线性关系，作用在材料某一点的剪应力等于该点的抗剪强度时该点即会发生破坏，莫尔-库仑破坏模型如图 2-4 所示。

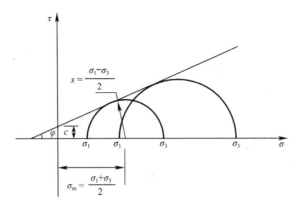

图 2-4 莫尔-库仑破坏模型

莫尔-库仑理论的强度准则为：

$$\tau = c + \sigma \tan\varphi \tag{2-4}$$

式中，τ 为抗剪强度；σ 为破坏面法向应力；c 为材料黏聚力；φ 为材料的内摩擦角。

从图 2-4 中的莫尔圆可以得到下列关系：

$$\tau = s\cos\varphi$$
$$\sigma = \sigma_m + s\sin\varphi \tag{2-5}$$

将式（2-5）代入式（2-4），则莫尔-库仑准则可表达为：

$$s + \sigma_m \sin\varphi - c\cos\varphi = 0 \tag{2-6}$$

式中，$s=(\sigma_1-\sigma_3)/2$ 是最大剪应力；$\sigma_m=\sigma_1+\sigma_3/2$ 是大小主应力的平均值。因此，莫尔-库仑屈服准则假定材料的破坏与正应力有关而与中主应力无关，这点与 Drucker-Prager 屈服准则是不同的，虽然中主应力一般都会影响典型的岩土材料的破坏，但这种影响一般较小，因此，在大部分的计算分析中，莫尔-库仑准则一般都具有足够的精度。在 π 平面上，莫尔-库仑模型为等边不等角的六边形，屈服面存在尖角，如图 2-5 所示。

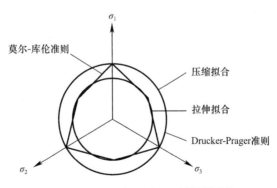

图 2-5 屈服面在 π 平面上的投影形状

2.3 涵洞受力与位移的影响因素分析

由于涵洞、山体边坡和填土之间存在很大的刚度差异，在分析涵洞、边坡与路堤填土之间的相互作用时，在涵洞与填土、边坡与填土的界面位置设置接触单元可以起到模拟两者之间的相对滑移的作用。图 2-6 表示土单元与界面单元之间的连接性状。与 6 节点土单元的界面单元对应的界面单元用 3 组节点来定义，而与 15 节点土单元对应的界面单元用 5 组节点来进行定义。在图 2-6 所示的界面单元处，设定一个较小的由虚拟厚度因子和平均单元尺寸控制的虚拟厚度，而在有限元计算公式中这些组对应节点的坐标是相等的。本书采用具有较高精度的三角形 15 节点单元，界面对应节点的坐标两两一致，通过 Newton-Cotes 积分获得界面单元的刚度矩阵。

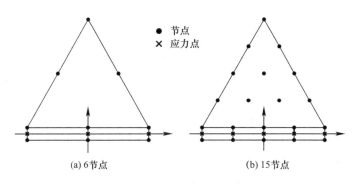

图 2-6　界面单元节点和应力点示意图

填土及地基土采用莫尔-库仑弹塑性模型，涵洞结构物采用线弹性模型。涵体结构与土体界面采用弹塑性模型进行模拟。当涵洞与土体之间的相对位移较小时，界面处于弹性状态；当涵洞与土体之间的相对位移较大时，界面进入塑性状态，弹性状态与塑性状态由库仑准则进行确定。

在界面应力处于弹性状态时，界面的剪应力为：

$$|\tau| < \sigma_n \tan\varphi_i + c_i \tag{2-7}$$

在界面应力处于塑性状态时，界面的剪应力为：

$$|\tau| = \sigma_n \tan\varphi_i + c_i \tag{2-8}$$

式中，φ_i 和 c_i 分别为界面的内摩擦角和黏聚力，它们由相应的土体的强度参数折减得到；σ_n 和 τ 分别为作用于涵-土界面上的正应力和剪应力

$$c_i = R_{\text{inter}} c_{\text{soil}} \tag{2-9}$$

$$\tan\varphi_i = R_{\text{inter}} \tan\varphi_{\text{soil}} \leqslant \tan\varphi_{\text{soil}} \tag{2-10}$$

式中，R_{inter} 为界面强度折减因子。当涵体与土体之间绑定时，R_{inter} 取 1.0；当涵体与土体之间的界面完全光滑时，R_{inter} 取 0.0。PLAXIS 中建议对钢与砂的界面强度折减因子 R_{inter} 取值为 0.7 左右，钢与黏土界面强度折减因子 R_{inter} 取 0.5 左右，而混凝土与土体的界面强度折减因子 R_{inter} 的取值应当适当增大[103]。为反映

由于涵洞与填土界面的塑性滑移导致的接触面强度的降低,将涵土界面强度折减因子取 $R_{\text{inter}}=0.8$。

2.3.2 计算参数与几何模型

将涵洞路段按照平面应变问题进行分析,采用 PLAXIS 有限元软件建立二维数值模型,在涵洞、填土和边坡等不同材料之间的接触面上使用接触单元来考虑摩擦作用。

采用基于广义胡克定律的理想线弹性模型来描述涵洞洞身构件和基础,采用莫尔-库仑理想弹塑性模型描述地基土、边坡和填土,主要参数见表 2-1。

数值模拟参数表　　　　　表 2-1

参数	模量（MPa）	泊松比	黏聚力（kPa）	内摩擦角（°）	重度（kN/m³）
涵洞	30000	0.15	—	—	25
填土	30	0.3	2.5	30	18
地基土	15	0.3	25	18	20
山体	3000	0.2	150	35	24

模型的几何条件如图 2-7 所示,采用板单元描述涵体构件的受力与变形特性,涵洞结构高 h,基础宽度 D,涵体宽度 b,涵顶填土高度 H,左右两侧山体边坡的坡角分别为 β_L 和 β_R,涵洞左右侧墙到对应边坡的距离分别为 L_L 和 L_R。模型底部采用固定端约束水平位移与竖向位移,模型两侧采用约束水平位移。

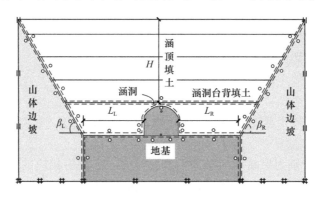

图 2-7　涵洞路段几何模型示意

2.3.3 沟谷宽度

为考察沟谷宽度对涵洞受力特性的影响,保持几何模型中 $h=8\text{m}$,$D=10\text{m}$,$b=8\text{m}$,$H=18\text{m}$,$\beta_L=\beta_R=60°$ 的数值不变,使 $L_L=L_R=L$ 发生变化,进行有限元计算,涵顶土压力与涵体位移变化规律如图 2-8 所示。

2.3 涵洞受力与位移的影响因素分析

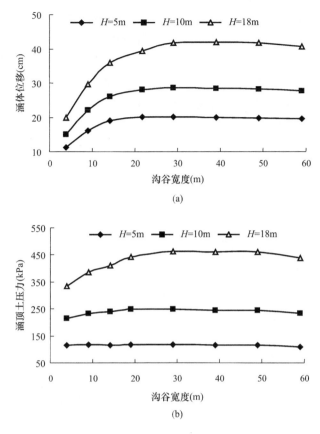

图 2-8 沟谷宽度对涵体位移与涵顶土压力的影响

由图 2-8 可知，沟谷地形对涵洞的有效影响宽度约为 3b，并且随填土增高影响增大。当 L 小于 3b 时，涵体位移与涵顶土压力均随 L 的增加而增大；当 L 大于 3b 以后，涵体位移与涵顶土压力逐渐趋于稳定。

因此，在沿涵洞轴线方向沟谷宽度变化较大时，涵洞不同节段位置处的涵顶土压力与位移可能存在较大的差异，在沟谷较窄时，这种差异往往会比较显著，可能会引起涵洞不同节段之间的差异沉降，因而，在设计和施工时应予以考虑。

2.3.4 边坡角度

为考察沟谷边坡角度对涵洞受力特性的影响，保持几何模型中 $h=8m$，$D=10m$，$b=8m$，$H=18m$，$L_L=L_R=10m$ 的不变，而山体边坡坡角 $\beta_L=\beta_R=\beta$ 分别取 0°、15°、30°、45°、60°、75°和 90°进行数值模拟，所得涵体位移和涵顶土压力的变化规律如图 2-9 所示。

由图 2-9 可以看出，当 $\beta \leqslant 15°$时，涵顶土压力与涵体位移随边坡角度的增加而减小，沟谷的"减载效应"逐渐增强；当 $15°\leqslant\beta\leqslant 45°$时，涵顶土压力随着边坡角度的增加逐渐增大，涵体位移急剧增大，沟谷的"减载效应"逐渐减弱；当 $45°≤β≤75°$ 时，沟谷的"减载效应"又有所发挥，涵顶土压力与涵体位移都随着边坡角度的增加而减小；当 $75°≤β≤90°$ 时，沟谷的"减载效应"再次发生减弱现象，涵顶土压力逐渐增大，涵体位移急剧增加。表明了沟谷边坡的角度对路堤填土的土拱效应具有影响，边坡坡角为 75°左右时，土拱效应发挥最充分。在涵洞设计与施工时应考虑边坡角度对涵体受力和位移的影响。

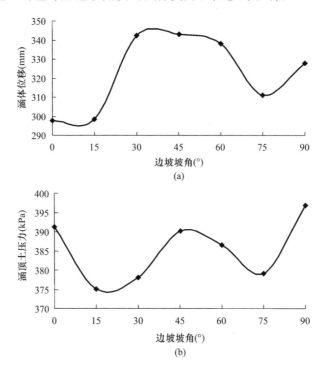

图 2-9 边坡坡角对涵体位移与涵顶土压力的影响

2.3.5 地基土模量

为考察地基土模量对涵洞受力特性的影响，计算过程中保持相同的几何条件 $h=8.0m$，$D=10m$，$b=8.0m$，$H=18m$，山体边坡坡角 $β_L=β_R=60°$，$L_L=L_R=10m$，同时保持路堤填土、涵体及基础的物理力学参数不变，单纯改变地基土的模量，数值模拟所得涵体位移与涵顶土压力如图 2-10 和图 2-11 所示。

由图 2-10 可以看出，地基土模量由 5MPa 增大到 40MPa，涵体位移减小 87cm，当地基土模量大于 40MPa 以后，进一步增大地基模量则涵体位移变化不大，此时通过增大地基模量的方法来控制涵体位移的效果将不再显著。

由图 2-11 可以看出，地基模量从 5MPa 增大到 40MPa 时，涵顶土压力增大了近 70kPa，地基模量越大，涵顶土压力集中现象越严重，对涵洞构造物强度的要求也越高。因而，在涵洞地基设计中，应综合考虑地基的承载力和涵洞结构的受力状态要求，尽可能做到结构安全、经济合理。

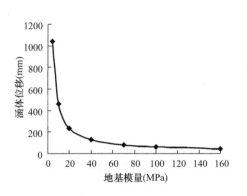

图 2-10　涵体位移与地基模量关系曲线　　图 2-11　涵顶土压力与地基模量关系曲线

2.3.6　路堤填土性质

通过数值模拟分析路堤填料性质对涵洞受力状态的影响，有限元计算模型中 $H=18m$，山体边坡坡角 $\beta_L=\beta_R=60°$，$L_L=L_R=10m$。路堤填土采用服从莫尔-库仑屈服准则的理想弹塑性模型，涵洞采用线弹性模型。

（1）不同填土模量

不同路堤填土模量，涵体沉降与涵顶土压力分布规律如图 2-12 和图 2-13 所示。随着路堤填土模量的增大，涵体位移逐渐减小。当路堤填土模量从 5MPa 增大到 100MPa 时，涵体位移由 530mm 减小到 325mm。同时，由图 2-13 可以看出，涵顶土压力由 462kPa 减小为 352kPa，土压力系数由 1.43 减小到 1.09。当路堤填土模量大于 100MPa 时，涵体位移和土压力减幅渐小。由此说明，路堤在填筑过程中，应使填土尽可能密实，使其具有较高的模量，以达到降低涵体位移与涵顶土压力的目的。

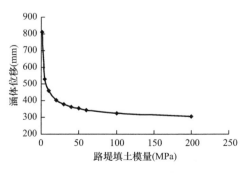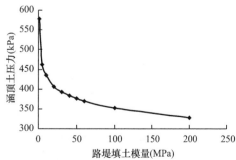

图 2-12　涵体位移与路堤填土模量关系曲线　　图 2-13　涵顶土压力与路堤填土模量关系曲线

(2) 不同填土黏聚力

当路堤填土黏聚力变化时,涵体沉降与涵顶土压力的变化规律如图 2-14 和图 2-15 所示。随着路堤填土黏聚力的增加,涵体位移逐渐减小,路堤填土模量由 0 增大到 60MPa 时,涵体位移由 378mm 减小到 342mm。同时,由图 2-15 可以看出,涵顶土压力变化不大,由 393kPa 变为 386kPa。与填土模量相比,黏聚力对涵洞受力与位移的影响相对较小,因此,路堤填料选取时,黏聚力可以不作为控制要素。

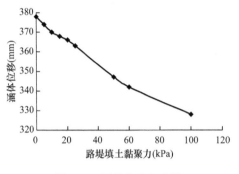

图 2-14 涵体位移与路堤填土黏聚力关系曲线

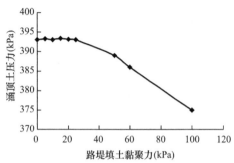

图 2-15 涵顶土压力与路堤填土黏聚力关系曲线

(3) 不同填土内摩擦角

路堤填土的内摩擦角变化时,涵体沉降与涵顶土压力的变化规律如图 2-16 和图 2-17 所示。随路堤填土内摩擦角的增加,涵体位移逐渐减小,路堤填土内摩擦角由 1°增大到 50°时,涵体位移由 504mm 减小到 341mm。同时,由图 2-17 可看出,随填土内摩擦角增大,涵顶土压力变化较小,总体来看涵顶土压力变化不超过 7%,采用内摩擦角较大的散体材料虽不能明显改善涵顶土压力集中现象,但可减小涵体位移。

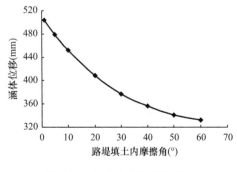

图 2-16 涵体位移与路堤填土内摩擦角关系曲线

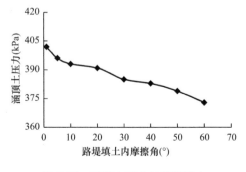

图 2-17 涵顶土压力与路堤填土内摩擦角关系曲线

2.3.7 结构形式与尺寸

（1）不同涵体形式

通过数值模拟对图 2-18 所示的 4 种涵体形式进行了分析，并分析了拱涵分别采用整体和分离式基础时，在不同填土高度的涵顶土压力和位移变化规律。有限元计算模型中填土高度 $H=21\mathrm{m}$，涵洞两侧山体边坡坡角 $\beta_L=\beta_R=60°$，$L_L=L_R=10\mathrm{m}$，涵洞尺寸如图 2-18 所示。

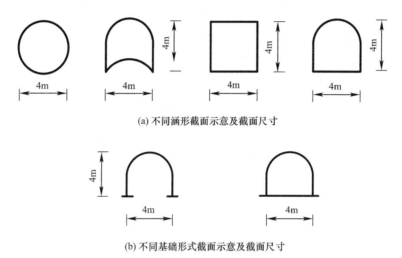

(a) 不同涵形截面示意及截面尺寸

(b) 不同基础形式截面示意及截面尺寸

图 2-18 涵洞截面形状与尺寸示意

对图 2-18(a) 中 4 种涵形的涵洞进行了数值模拟，得到涵顶土压力系数与涵体位移如图 2-19 和图 2-20 所示。

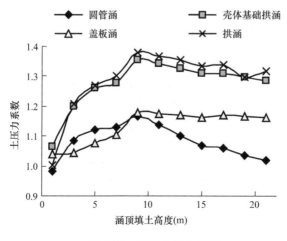

图 2-19 涵顶土压力系数

由图 2-19 可以看出圆管涵与盖板涵涵顶土压力集中程度相对较低，土压力系数在 1.0~1.2 之间变化，而拱涵与采用壳体基础的拱涵的涵顶土压力系数相对较大，达到 1.4。在填土高度相同的情况下，顶部为拱形的涵洞的涵顶土压力集中程度较大，涵洞采用壳体基础形式时，土压力集中程度略有降低，但是降低幅度不大。此 4 种涵形涵洞的洞顶土压力集中程度均随着涵顶填土高度先增大后减小，在涵顶填土高度为 10m 时涵顶土压力集中程度最大，当填土高度大于 10m 以后，涵顶土压力系数随着填土高度的增加有减小的趋势，这是由于路堤填土的拱效应造成的。

由图 2-20 可以看出，当涵顶填土高度小于 10m 时，上述 4 种涵形涵洞的沉降相差不大，而当填土高度大于 10m 以后，圆管涵的沉降略大于其他 3 种涵洞。

（2）整体式与分离式基础

对图 2-18(b) 中所示采用整体式与分离式基础的拱涵进行数值模拟，得到涵洞基底与相同标高距涵洞轴线 2.5 倍涵宽（10m）处路基土压力之比，如图 2-21 所示。涵洞基底与相同标高距涵洞轴线 2.5 倍涵宽处的路基沉降及沉降差见表 2-2。

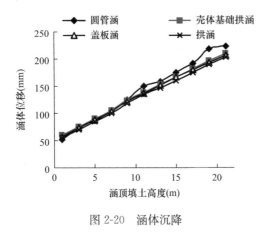

图 2-20　涵体沉降　　　　　图 2-21　涵洞基底平面土压力比

涵底平面沉降　　　　　　　　　　　表 2-2

填土高度（m）	涵洞基底沉降（mm）		路基沉降（mm）		沉降差（mm）	
	整体式	分离式	整体式	分离式	整体式	分离式
1	55	56	34	34	21	22
5	85	90	60	60	26	30
9	118	127	87	88	32	39
13	147	160	110	112	38	48
17	176	193	132	135	43	58
21	203	224	154	158	48	66

由图 2-21 可知，两种基础形式下土压力集中程度随涵顶填土高度的增加而逐渐减小，采用整体式基础时基底压力集中程度要低于分离式基础。因两种基础形式 2.5 倍涵宽外路基基底压力相差不大，故采用整体式基础时基底压力较小，对地基承载力的要求也相应较低。

（3）涵体尺寸

本书还通过数值模拟考察了涵洞几何尺寸对涵顶土压力的影响规律。数值模拟几何模型中 $H=18\mathrm{m}$，山体边坡坡角 $\beta_L=\beta_R=60°$，$L_L=L_R=10\mathrm{m}$。涵顶平面沉降随涵洞高度 h 和宽度 b 的变化规律如图 2-22 所示。

由图 2-22(a) 可以看出，由于涵洞与其两侧的路堤填土之间存在刚度差异，涵顶平面产生不均匀沉降，该不均匀沉降随涵洞高度 h 的增加而增大。对于高度为 4m 的涵洞，当填土高度达到 18m 时，涵顶平面最大差异沉降约为 47mm。当涵洞高度增加到 8m 时，该差异沉降增大到 74mm。由图 2-22(b) 可看出，涵顶平面的差异沉降随涵洞宽度 b 的增大而减小。对于宽度为 10m 的涵洞，当其上填土高度为 18m 时，涵顶平面差异沉降的最大值为 64.6mm。对于宽度为 4.0m 的涵洞，涵顶平面差异沉降增大到约 74mm。

涵顶土压力随涵洞几何尺寸的变化规律如图 2-23 所示。随涵洞高度 h 的增大，涵顶土压力增大，随涵洞宽度 b 的增大，涵顶土压力减小。当涵洞的宽度为 10m，高度为 8m 时，涵顶土压力约为 430kPa，涵顶土压力系数约为 1.2；当涵洞宽度为 4m，高度为 8m 时，涵顶土压力约为 520kPa，涵顶土压力系数约为 1.4。涵顶土压力集中程度与涵顶平面差异有关，差异沉降越大，涵顶土压力集中现象越严重。因此，一般情况下，宜优先选用矮而宽的涵洞断面。

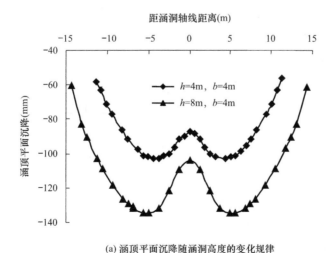

(a) 涵顶平面沉降随涵洞高度的变化规律

图 2-22 涵顶平面沉降分布（一）

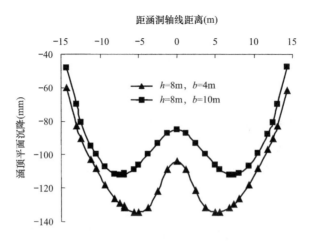

(b) 涵顶平面沉降随涵洞宽度的变化规律

图 2-22　涵顶平面沉降分布（二）

2.3.8　不同的拱圈弧度

通过数值模拟来考察拱圈弧度 θ 对涵洞受力与位移的影响规律，如图 2-24 所示，涵洞高度 $h=6\mathrm{m}$，宽度 $b=8\mathrm{m}$。有限元计算模型中 $H=18\mathrm{m}$，山体边坡坡角 $\beta_\mathrm{L}=\beta_\mathrm{R}=60°$，$L_\mathrm{L}=L_\mathrm{R}=10\mathrm{m}$。涵体位移、涵顶土压力和涵体最大弯矩如图 2-25～图 2-27 所示。

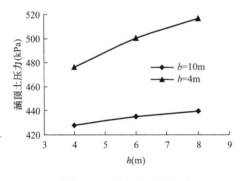

图 2-23　不同涵洞尺寸时的涵顶土压力

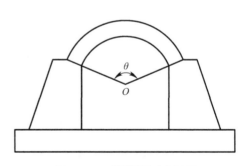

图 2-24　不同拱圈弧度涵洞示意图

由图 2-25 和图 2-26 可以看出，拱圈弧度对涵体沉降和涵顶土压力影响较小，不同拱圈弧度时涵体位移基本不变，涵顶竖向土压力会有小的变化，当拱圈弧度较小时，在填土荷载作用下拱圈产生较大的挠度，具有一定的卸荷作用。

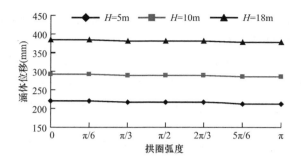

图 2-25 拱圈弧度对涵体位移的影响

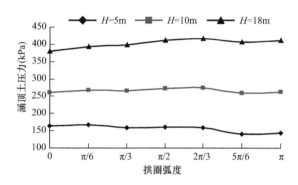

图 2-26 拱圈弧度对涵顶土压力的影响

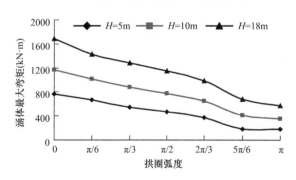

图 2-27 拱圈弧度对涵体弯矩的影响

2.4 本章小结

涵洞结构的受力状态和位移直接影响其结构的安全性和正常使用功能，为了明确涵洞结构与路堤填土的相互作用机理，本章通过现场试验和数值模拟对涵洞结构物的受力状态及影响因素进行了系统的研究，得到如下主要结论：

（1）随填土高度的增加，涵顶土压力呈非线性增长趋势。涵顶的竖向土压力大于涵顶上覆土体自重压力，现场试验结果比现行《公路桥涵设计通用规范》JTG D60—2015 计算结果大 30% 左右。

（2）由现场测试及数值模拟结果可知，由于沟谷设涵非对称性，涵顶外侧距涵洞轴线相同距离的测点，其土压力测试结果有所不同，距离沟谷岸坡较近的一侧，涵顶外的土压力较小，主要是由于岸坡和涵顶上部土柱体的摩阻力共同作用的结果。

（3）涵顶土压力、涵顶平面的沉降和差异沉降均随着沟谷宽度的增大呈非线性增大，当沟谷宽度大于 3 倍涵洞宽度时，涵顶土压力和涵顶平面的沉降及差异沉降趋于稳定。

（4）涵顶土压力随沟谷岸坡坡角的增大而波动，当坡角在 15°～30° 变化时，涵顶土压力变化较快，且具有较小值。涵体位移在坡角 0°～15° 和 75°～90° 时较小，在 30°～60° 时较大。

（5）地基土的模量越大，涵顶土压力集中程度越高。涵洞地基设计中，允许涵体有一定的沉降，在满足构造物沉降要求的前提下应避免对地基提出过高的刚度要求。

（6）随着路堤填土模量的增加，涵体沉降快速减小并趋于稳定，涵顶土压力快速增大并趋于稳定。涵顶土压力随填土内摩擦角和黏聚力的增大而略有减小。与填土模量相比，内摩擦角和黏聚力对涵顶土压力和涵体位移的影响要小很多。

（7）在对称沟谷的中心设涵，涵基相当于深埋基础，涵洞采用壳体基础并不具有显著的优越性。填土不高（小于 9m）时，分离式基础比整体式基础造价更低，而且分离式基础产生一定的沉降可在一定程度上降低涵顶土压力集中程度，使涵体受力也更加合理。

（8）一般情况下宜采用宽断面与矮断面涵洞，采用"宽矮涵"比"窄高涵"涵顶平面差异沉降要小，涵顶土压力也要小。

（9）拱圈弧度对涵体沉降和涵顶土压力影响较小，不同拱圈弧度时涵体位移基本不变，涵顶竖向土压力会有小的变化，当拱圈弧度较小时，在填土荷载作用下拱圈产生较大的挠度，具有一定的卸荷作用。

第 3 章 复杂地形和地基条件下涵洞选型

3.1 洞口选型

山岭重丘区冲沟、河谷众多，地形与地质情况较为复杂，高填深挖、半填半挖的路基形式相当普遍，因而部分洞口类型与平原水网地区有所不同。根据涵洞类型、所处河沟水流特点、地形及路基断面形式等因地制宜地选择好洞口形式，做好进出水口处理，对于确保涵洞及路基的稳定、水流畅通具有重要作用，在山区公路设计中洞口形式依据地形与路基断面形式而定。

(1) 八字式：当涵洞进出口处地势平坦、无明显沟槽且涵位处于填方地段时，洞口形式宜采用八字墙。

(2) 进口急流槽：当天然冲沟坡度大于50%，或涵洞进口处开挖较深时，为使沟槽与涵洞进口平顺连接，进口形式往往采用进口急流槽。

(3) 边沟跌井：当涵洞进口处需开挖，但深度不大且进口处无陡坡沟槽，进口形式可采用边沟跌井集纳水流。

(4) 直墙式：直墙式实际为敞开角为0°的八字式洞口，该洞口形式往往设置在地势平坦、河沟窄而深、河床纵断面较为平顺或人工水渠处，且涵洞跨径需与沟宽基本一致。

(5) 锥坡式：在公路设计中，对于大跨径或净空较高的涵洞洞口形式很少采用锥坡式。因为锥坡式洞口圬工体积较大，不如八字墙洞口经济。锥坡式洞口在设计中主要用作农田灌溉涵的进出口形式。

(6) 护坡边沟：当涵洞位处地势平坦，但进口或出口需开挖一段人工沟槽，以便集纳或排出水流时，洞口形式可采用护坡边沟。

(7) 直墙式+出口急流槽：当涵洞位于高填地段且涵洞出口离地面较高时，为防止出口水流冲刷路基，在出口处必须设置直翼墙接出口急流槽，且需在急流槽上设置消能坎，在急流槽与地面相接处设置消能池。

3.2 基础选型

通过数值模拟分析了不同地基条件下，涵洞分别采用整体式和分离式基础时，涵洞受力和位移随填土高度的变化规律，并将不同条件下涵洞受力和位移的变化规律进行了对比分析。

3.2.1 对称均匀地基设涵

通过数值模拟分析了涵洞设于对称均匀地基上，不同基础形式的涵洞的受力和变形特性。涵洞高 $h=8.0$m，整体式基础宽度 $D_1=10$m，分离式基础宽度为 $D_2=2$m，涵洞净宽 $b=8.0$m，最大填土高度 $H=18$m，坡角 $60°$。基底为粉质黏土地基，压缩模量 $E_s=20$MPa，泊松比 $\mu=0.35$，黏聚力 $c=25$kPa，内摩擦角 $\varphi=18°$，涵洞路段数值模拟网格划分如图 3-1 所示。

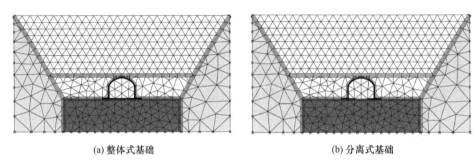

(a) 整体式基础　　　　　　　　(b) 分离式基础

图 3-1　网格划分

对称均匀地基条件，整体式与分离式基础涵洞受力与位移数值计算结果如图 3-2 和图 3-3 所示。

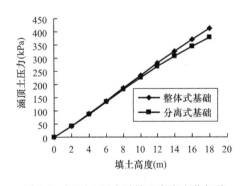

图 3-2　涵顶土压力随填土高度变化规律　　图 3-3　涵体位移随填土高度变化规律

从图 3-2 可看出，在填土高度小于 10m 时，采用整体式基础的涵顶土压力与分离式基础涵顶土压力接近，采用分离式基础比整体式基础钢筋、水泥用量要少，具有经济优势，此时，基础选型宜采用分离式基础；填土大于 10m 以后，随填土高度的增加，整体式基础涵顶土压力继续保持近似的线性增大，而采用分离式基础涵顶土压力增加减缓，小于整体式基础的涵顶土压力。

由图3-3可以看出，整体式基础的涵体位移小于分离式基础，两种基础形式涵体位移的差值随着填土高度的增加而逐渐加大，产生这种现象的原因是分离式基础基底面积较小，地基受力比整体式基础更加集中，涵体产生较大的竖向位移，涵体与涵周土体相对位移大于整体式基础，涵顶土体受到两侧土体向上"拖拽力"的作用，在一定程度上缓解了涵顶的压力集中，这种"拖拽力"所起到的卸荷作用随着填土高度的增加而逐渐明显。

（1）涵洞设于对称地形均匀地基，涵顶填土高度18m时，涵底平面位移、涵体土压力和涵体弯矩如图3-4～图3-6所示。

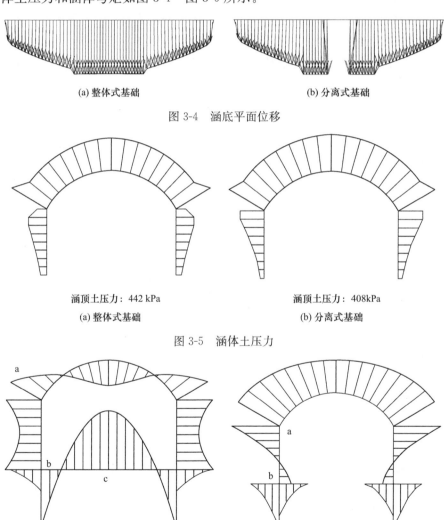

(a) 整体式基础　　　　　　　　(b) 分离式基础

图 3-4　涵底平面位移

涵顶土压力：442 kPa　　　　　涵顶土压力：408kPa

(a) 整体式基础　　　　　　　　(b) 分离式基础

图 3-5　涵体土压力

(a) 整体式基础　　　　　　　　(b) 分离式基础

图 3-6　涵体弯矩

由图 3-4 和图 3-5 可知，在涵顶填土高度为 18m 时，整体式基础与基础边缘 5m 外处沉降差为 68mm，分离式基础与基础边缘 5m 外处沉降差为 99mm。相同条件下整体式基础比分离式基础沉降量小 68mm，沉降差小 31mm；采用整体式基础比分离式基础涵顶土压力高出 35kPa，整体式基础在控制沉降与沉降差方面比分离式基础优越。

图 3-6 中采用整体式基础的拱涵拱脚 a 点弯矩值为 1155kN·m，翼墙底角 b 点弯矩为 1190kN·m，基础底板中心 c 点弯矩为 1885kN·m；采用分离式基础的拱涵拱脚 a 点弯矩值为 1587kN·m，翼墙底角 b 点的弯矩为 1413kN·m。可以看出高填方对称地形、均匀地基设涵时，采用分离式基础内力分布不合理，涵洞拱脚、翼墙底角在较大的弯矩下有可能产生受拉破坏。

（2）涵洞设于对称地形均匀地基，涵顶填土高度 5m 时，涵底平面位移、涵体土压力和涵体弯矩分布如图 3-7～图 3-9 所示。

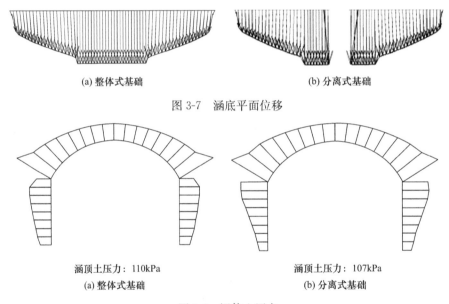

(a) 整体式基础　　　　　　　　(b) 分离式基础

图 3-7　涵底平面位移

涵顶土压力：110kPa　　　　涵顶土压力：107kPa
(a) 整体式基础　　　　　　　　(b) 分离式基础

图 3-8　涵体土压力

从图 3-7 和图 3-8 可知，在涵顶填土高度为 5m 时，整体式基础与基础边缘 5m 外处沉降差为 36mm，分离式基础与基础边缘 5m 外处沉降差为 46mm，相同条件下整体式基础比分离式基础沉降量小 20mm，沉降差小 10mm，涵顶土压力采用整体式基础比分离式基础高出 3kPa，采用整体式基础在控制沉降与沉降差方面较分离式基础优越。

图 3-9 中采用整体式基础的拱涵拱脚 a 点弯矩值为 342kN·m，翼墙底角 b 点弯矩为 662kN·m，基础底板中心 c 点弯矩为 822kN·m；采用分离式基础的拱涵拱脚 a 点弯矩值为 690kN·m，翼墙底角 b 点的弯矩为 405kN·m。可以看

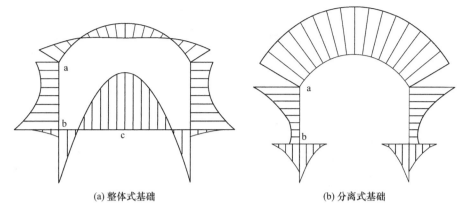

(a) 整体式基础　　　　　　　　(b) 分离式基础

图 3-9　涵体弯矩

出对称地形均匀地基设涵，涵顶填土较低时，拱涵采用整体式基础涵顶弯矩比采用分离式基础小，翼墙底角弯矩较大，设计时根据不同基础形式需要加大对应构件的抗弯刚度。

对称均匀地基涵洞工程，允许涵体有一定的沉降，而要将不均匀沉降控制在一定的范围，那么在满足构造物沉降要求的前提下，分离式基础与整体式基础相比，一方面水泥、钢筋用量要少，具有更好的经济效益，另一方面分离式基础的较大沉降在一定程度上缓解了涵顶土压力集中现象，涵体受力也更加合理。

3.2.2　半软半硬地基设涵

通过数值模拟分析了半硬半软地基上，不同基础形式的涵洞的受力和变形特性。涵洞结构为钢筋混凝土拱涵，高 $h=8m$，整体式基础宽度 $D_1=10m$，分离式基础宽度为 $D_2=2m$，涵洞净宽 $b=8m$，最大填土高度 $H=18m$，坡角 60°，为对称沟埋式涵洞。基底左侧为坚硬岩石，压缩模量 $E_s=3GPa$，泊松比 $\mu=0.15$，基底右侧为粉质黏土地基，压缩模量 $E_s=20MPa$，泊松比 $\mu=0.35$，黏聚力 $c=25kPa$，内摩擦角 $\varphi=18°$，有限元网格划分如图 3-10 所示。

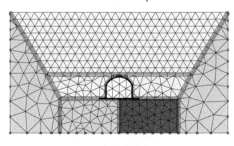 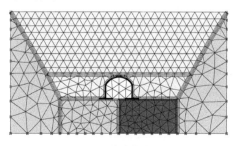

(a) 整体式基础　　　　　　　　(b) 分离式基础

图 3-10　网格划分

（1）涵洞设于半软半硬地基，涵顶填土高度 4m 时，采用整体式与分离式基础的涵洞路段变形后网格、涵洞土压力分布如图 3-11 和图 3-12 所示。

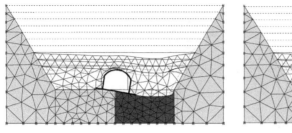

(a) 整体式基础　　　　　　　　　(b) 分离式基础

图 3-11　变形后的网格

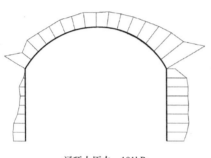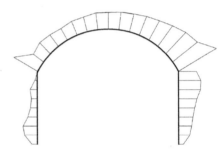

涵顶土压力：101kPa　　　　　　　涵顶土压力：109kPa
(a) 整体式基础　　　　　　　　　(b) 分离式基础

图 3-12　涵洞土压力

涵洞设于半软半硬地基，涵顶填土高度 4m 时，采用整体式与分离式基础的涵洞涵体位移、弯矩如图 3-13 和图 3-14 所示。

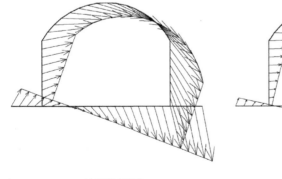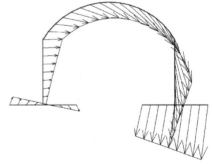

(a) 整体式基础　　　　　　　　　(b) 分离式基础

图 3-13　涵体位移

从图 3-12～图 3-14 可看出，在涵顶填土高度为 4m 时，整体式基础底板左

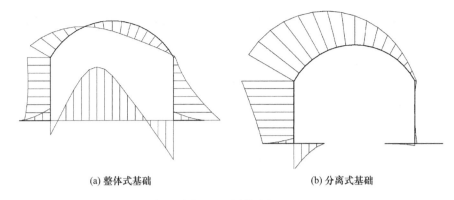

(a) 整体式基础　　　　　　　　(b) 分离式基础

图 3-14　涵体弯矩

右边缘沉降差为 50mm，分离式基础左右边缘沉降差为 87mm，同条件下整体式基础比分离式基础沉降量小 30mm，沉降差小 37mm，涵顶土压力采用整体式基础比分离式基础高出 8kPa，采用整体式基础在控制沉降与沉降差方面较分离式基础优越；分离式基础拱脚弯矩比整体式基础大得多，内力分布没有整体式基础合理。

（2）涵洞设于半软半硬地基，涵顶填土高度 18m 时，涵洞路段变形后网格、涵体土压力分布如图 3-15 和图 3-16 所示。

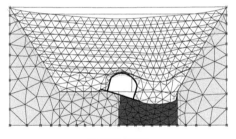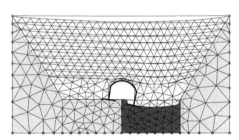

(a) 整体式基础　　　　　　　　(b) 分离式基础

图 3-15　变形后的网格

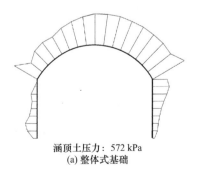

涵顶土压力：572 kPa　　　　　　涵顶土压力：560 kPa
(a) 整体式基础　　　　　　　　(b) 分离式基础

图 3-16　涵洞土压力

涵洞设于半软半硬地基，涵顶填土高度 18m 时，涵体位移、涵体弯矩分布如图 3-17 和图 3-18 所示。

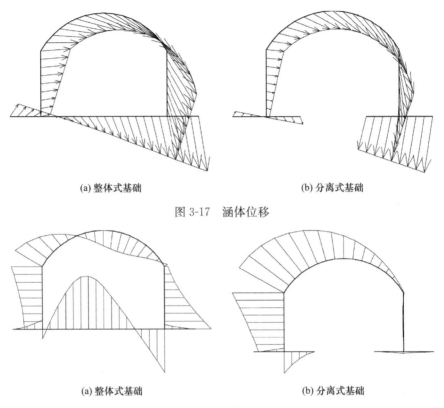

(a) 整体式基础　　　　　　　　(b) 分离式基础

图 3-17　涵体位移

(a) 整体式基础　　　　　　　　(b) 分离式基础

图 3-18　涵体弯矩

从图 3-16 和图 3-17 可知，在涵顶填土高度为 18m 时，整体式基础底板左右边缘沉降差为 108mm，分离式基础底板左右边缘沉降差为 170mm；相同条件下整体式基础比分离式基础沉降量小 61mm，沉降差小 62mm，涵顶土压力采用整体式基础比分离式基础高出 12kPa，采用整体式基础在控制沉降与沉降差方面较分离式基础优越。

从图 3-18 看出，采用分离式基础拱脚位置处会有较大的弯矩产生，整体式基础涵洞结构内力分布比分离式基础合理，只是基础底板会有比较大的弯矩产生，设计时要求整体式基础有较高的抗弯刚度。

综合以上分析，涵洞设于半软半硬地基之上，采用分离式基础涵体受力不合理，构造物内力较大，拱脚产生的弯矩也较大，选择整体式基础比较优越。

3.2.3　存在偏载效应地形设涵

通过数值模拟分析了涵洞设于存在偏载效应地形的情况，得到了不同基础形式的涵洞的受力与变形规律。涵洞结构为钢筋混凝土拱涵，高 $h=8m$，整体式基础宽度 $D_1=10m$，分离式基础宽度 $D_2=2m$，涵洞净宽 $b=8m$，最大填土高度 $H=18m$，涵底平面沟谷宽度 $B=60m$，涵洞左侧距离岸坡 $L_1=45m$，坡角 $75°$，涵洞右侧距离岸坡 $L_2=5m$，坡角 $60°$，为非对称沟埋式涵洞。基底为粉质黏土地基，压缩模量 $E_s=20MPa$，泊松比 $\mu=0.35$，黏聚力 $c=25kPa$，内摩擦角 $\varphi=18°$。

（1）偏载效应地形设涵，涵顶填土高度 4m 时，数值模拟结果如图 3-19～图 3-22 所示。

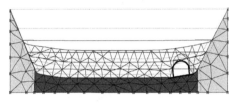

(a) 整体式基础　　　　　　(b) 分离式基础

图 3-19　变形后的网格

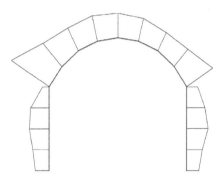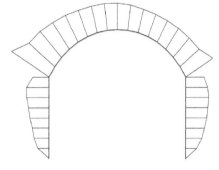

涵顶土压力：129 kPa　　　　　　涵顶土压力：128kPa

(a) 整体式基础　　　　　　(b) 分离式基础

图 3-20　涵体土压力

图 3-20 中整体式基础涵洞的涵顶土压力比分离式基础涵洞高 1kPa；图 3-21 中，在涵顶填土高度为 4m 时，整体式基础左右边缘沉降差为 52mm，分离式基础左右边缘沉降差为 55mm，同条件下整体式基础比分离式基础沉降量小 14mm，沉降差小 3mm。

从图 3-22 可以看出采用分离式基础会引起拱脚产生较大的弯矩，采用整体式基础在内力分布、控制沉降与沉降差方面较分离式基础优越，涵顶土压力与同条件下的分离式基础的相当。

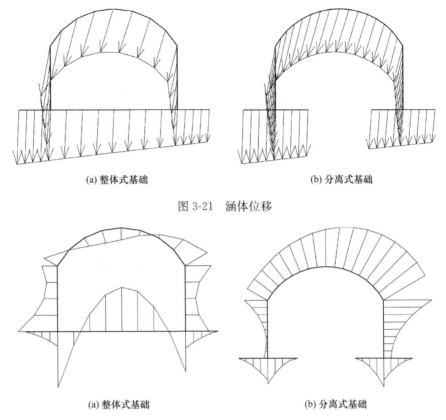

(a) 整体式基础　　　　　　　　　(b) 分离式基础

图 3-21　涵体位移

(a) 整体式基础　　　　　　　　　(b) 分离式基础

图 3-22　涵体弯矩

（2）偏载效应地形设涵，涵顶填土高度 18m 时，数值模拟结果如图 3-23~图 3-26 所示。

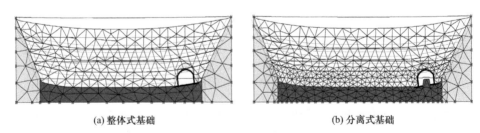

(a) 整体式基础　　　　　　　　　(b) 分离式基础

图 3-23　变形后的网格

图 3-24 表明，采用整体式基础的涵顶土压力比分离式基础高出 24kPa，相当于 1.2m 填土的荷载。图 3-25 中，当涵顶填土高度为 18m 时，整体式基础与基础边缘 5m 外处沉降差为 50mm，分离式基础与基础边缘 5m 外处沉降差为 109mm；相同条件下整体式基础沉降量 352mm，比分离式基础沉降量小 43mm，沉降差小 59mm。

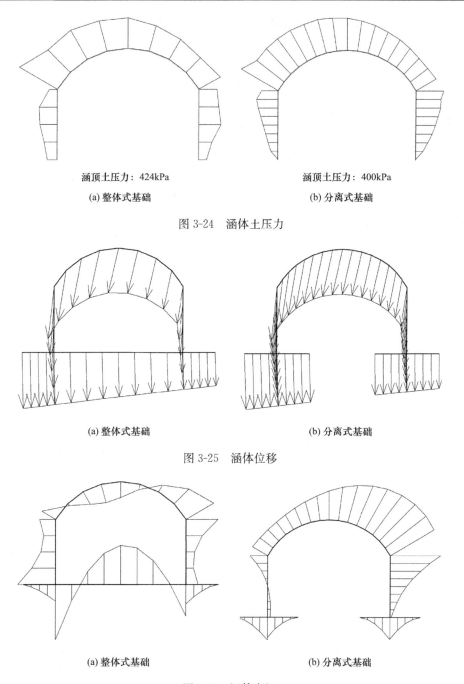

(a) 整体式基础　　　　　　　　　(b) 分离式基础

图 3-24　涵体土压力

涵顶土压力：424kPa　　　　　涵顶土压力：400kPa

(a) 整体式基础　　　　　　　　　(b) 分离式基础

图 3-25　涵体位移

(a) 整体式基础　　　　　　　　　(b) 分离式基础

图 3-26　涵体弯矩

从图 3-26 可以看出采用分离式基础会引起拱脚产生较大的弯矩，需要涵体具有较大的抗弯刚度。

综上所述，采用整体式基础在控制沉降与沉降差方面较分离式基础优越，涵顶土压力比同条件下的分离式基础大约6%。偏载效应地形条件下设涵，采用分离式基础会引起拱脚产生更大的弯矩，需要涵体具有更大的抗弯刚度，采用整体式基础在控制沉降与沉降差方面较分离式基础优越。

3.2.4 偏载效应条件下半软半硬地基上设涵

通过数值模拟分析了涵洞设于存在偏载效应的半软半硬地基的情况，得到了不同基础形式的涵洞的涵体受力与变形规律。涵洞结构为钢筋混凝土拱涵，高 $h=8.0\text{m}$，整体式基础宽度 $D_1=10\text{m}$，分离式基础宽度 $D_2=2\text{m}$，涵洞净宽 $b=8.0\text{m}$，最大填土高度 $H=18\text{m}$，底平面沟谷宽度 $B=60\text{m}$，涵洞左侧距离岸坡 $L_1=45\text{m}$，坡角75°，涵洞右侧距离岸坡 $L_2=5\text{m}$，坡角60°，为非对称沟埋式涵洞。基底左侧为坚硬岩石，压缩模量 $E_s=30\text{GPa}$，泊松比 $\mu=0.15$，基底右侧为粉质黏土地基，压缩模量 $E_s=20\text{MPa}$，泊松比 $\mu=0.35$，黏聚力 $c=25\text{kPa}$，内摩擦角 $\varphi=18°$。

（1）涵洞设于存在偏载效应地形、半软半硬地基条件时，涵顶填土高度4m时，涵洞路段数值模拟结果如图3-27～图3-30所示。

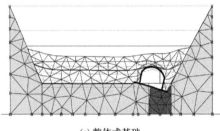 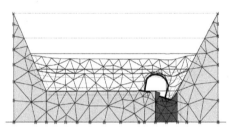

(a) 整体式基础　　　　　　　　(b) 分离式基础

图3-27　变形后的网格

如图3-28所示，在涵顶填土高度4m时，整体式基础左右边缘沉降差为22mm，

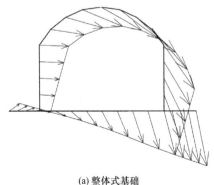 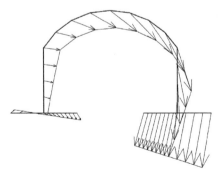

(a) 整体式基础　　　　　　　　(b) 分离式基础

图3-28　涵体位移

分离式基础左右边缘沉降差为 44mm；相同条件下采用整体式基础沉降量为 22mm，比分离式基础沉降量小 24mm，沉降差小 22mm。

从图 3-29 可以看出，采用分离式基础会引起拱脚产生较大的弯矩，需要涵体具有较大的抗弯刚度。

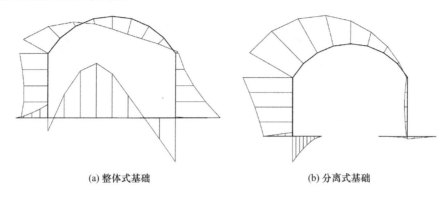

(a) 整体式基础　　　　　　　(b) 分离式基础

图 3-29　涵体弯矩

如图 3-30 所示，采用整体式基础比采用分离式基础的涵洞涵顶土压力高出 6kPa。

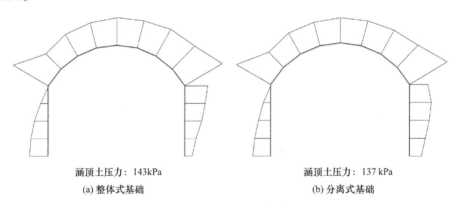

涵顶土压力：143kPa　　　　　　涵顶土压力：137 kPa
(a) 整体式基础　　　　　　　(b) 分离式基础

图 3-30　涵体土压力

（2）涵洞设于存在偏载效应地形、半软半硬地基条件时，涵顶填土厚度 18m，涵洞路段数值模拟结果如图 3-31～图 3-34 所示。

图 3-32 中，采用整体式基础比分离式基础涵顶土压力高出 23kPa。

图 3-33 中，整体式基础与基础边缘 5m 外处沉降差为 44mm，分离式基础与基础边缘 5m 外处沉降差为 87mm；相同条件下采用整体式基础沉降量为 48mm，比分离式基础沉降量小 47mm，沉降差小 43mm。

从图 3-34 也可以看出采用分离式基础会引起拱脚产生较大的弯矩，需要涵体具有较大的抗弯刚度，整体式基础底板弯矩较大，需要底板具有相当的抗弯刚度。

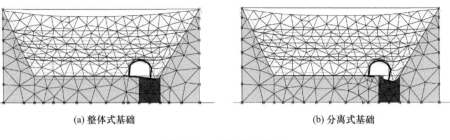

(a) 整体式基础　　　　　　　　　(b) 分离式基础

图 3-31　变形后的网格.

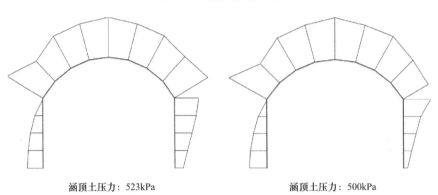

涵顶土压力：523kPa　　　　　　涵顶土压力：500kPa
(a) 整体式基础　　　　　　　　　(b) 分离式基础

图 3-32　涵体土压力

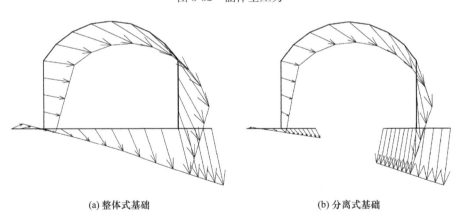

(a) 整体式基础　　　　　　　　　(b) 分离式基础

图 3-33　涵体位移

因此，存在偏载效应地形、半软半硬地基条件下，采用整体式基础在控制沉降与沉降差方面比分离式基础优越，涵顶土压力比分离式基础下大 4.6%；分离式基础会引起拱脚产生更大的弯矩，需要涵体具有更大的抗弯刚度。

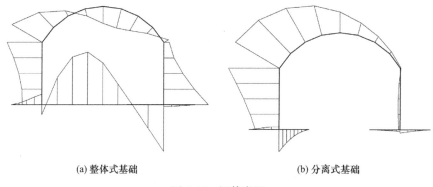

(a) 整体式基础　　　　　　　　(b) 分离式基础

图 3-34　涵体弯矩

3.3　涵体选型

涵洞是埋设于填土下面的输水构造物，结合实际工程对拱涵、盖板涵两种形式的涵洞进行数值模拟，分别计算涵洞设置于对称均匀地基、半软半硬地基与存在偏载效应地形三种条件下涵体的受力和位移。

3.3.1　对称均匀地基设涵

通过数值模拟研究了涵洞设于对称均匀地基的情况，得到了盖板涵和拱涵受力与变形随填土高度的变化规律。涵洞结构为钢筋混凝土盖板涵与拱涵，高 $h=8m$，基础宽 $D=10m$，涵洞净宽 $b=8.0m$，最大填土高度 $H=18m$，坡角 $60°$。基底为粉质黏土地基，压缩模量 $E_s=20MPa$，泊松比 $\mu=0.35$，黏聚力 $c=25kPa$，内摩擦角 $\varphi=18°$。

（1）涵洞设于对称均匀地基，涵顶填土高度 4m 时，涵洞路段数值模拟结果如图 3-35～图 3-38 所示。

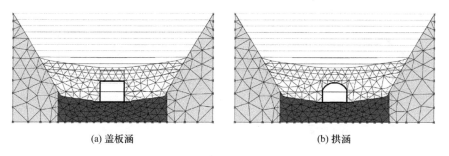

(a) 盖板涵　　　　　　　　(b) 拱涵

图 3-35　变形后的网格

由图 3-36～图 3-38 可以知：在涵顶填土高度为 4m 时，盖板涵涵体位移为 175mm，涵顶中点土压力为 223kPa；同条件下拱涵位移为 176mm，比盖板涵大

45

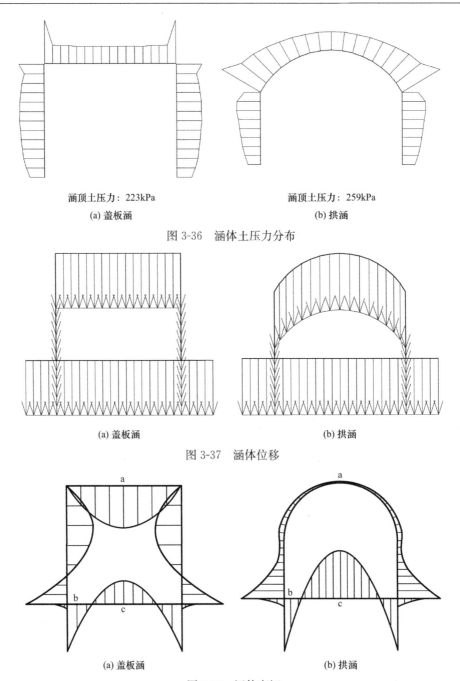

涵顶土压力：223kPa 涵顶土压力：259kPa
(a) 盖板涵 (b) 拱涵

图 3-36　涵体土压力分布

(a) 盖板涵 (b) 拱涵

图 3-37　涵体位移

(a) 盖板涵 (b) 拱涵

图 3-38　涵体弯矩

1mm，涵顶中点土压力为 259kPa，比盖板涵高出 36kPa。盖板涵顶板跨中 a 点弯矩 1035kN·m，翼墙底角 b 点弯矩 1174kN·m，基础底板中心 c 点弯矩 588kN·m；拱涵拱顶 a 点弯矩 9kN·m，拱涵翼墙底角 b 点弯矩 958kN·m，基础底板中心 c 点弯矩 883kN·m。此时采用盖板涵在控制沉降方面与拱涵相当，除顶板跨中弯矩较大外，翼墙、基础受力状态比拱涵优越。

（2）对称均匀地基，涵顶填土高度 18m 时，涵洞路段数值模拟结果如图 3-39～图 3-42 所示。

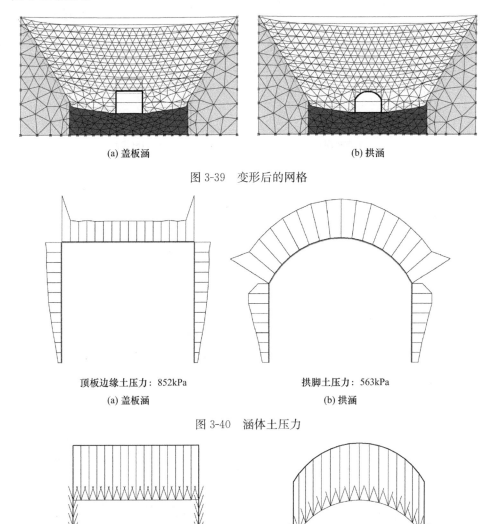

(a) 盖板涵　　　　　　　　　　(b) 拱涵

图 3-39　变形后的网格

顶板边缘土压力：852kPa　　　　拱脚土压力：563kPa

(a) 盖板涵　　　　　　　　　　(b) 拱涵

图 3-40　涵体土压力

(a) 盖板涵　　　　　　　　　　(b) 拱涵

图 3-41　涵体位移

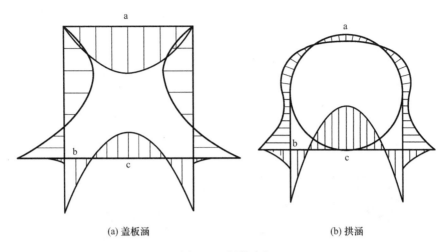

(a) 盖板涵　　　　　　　　　　　(b) 拱涵

图 3-42　涵体弯矩

由图 3-40～图 3-42 可知，在涵顶填土高度为 18m 时，盖板涵涵体位移为 368mm，涵顶板边缘土压力为 851kPa；同条件下拱涵位移为 364mm，较盖板涵高出 3.4mm，涵顶拱脚最大土压力为 563kPa，比盖板涵小 288kPa，相当于 14m 填土的荷载。盖板涵顶板跨中 a 点弯矩 3008kN·m，翼墙底角 b 点弯矩 2209kN·m，基础底板中心 c 点弯矩 1142kN·m；拱涵拱顶 a 点弯矩 272kN·m，拱涵翼墙底角 b 点弯矩 2020kN·m，基础底板中心 c 点弯矩 1705kN·m。此时采用拱涵在控制沉降方面与盖板涵相当，受力状态比盖板涵优越。

相同地基条件下盖板涵、拱涵的受力与位移随填土高度的变化曲线如图 3-43～图 3-47 所示。

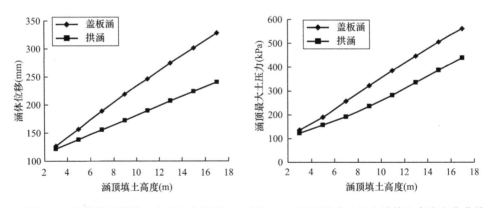

图 3-43　涵体位移随填土高度变化曲线　　图 3-44　涵顶最大土压力随填土高度变化曲线

从图 3-43 可以看出盖板涵位移要比同条件下的拱涵大，随着填土高度的增加，两种涵形的位移差别逐渐增大。

从图 3-44 可以看出盖板涵涵顶最大压力要比同条件下的拱涵大，随着填土高度的增加，两种涵形涵顶最大压力差别逐渐增大。

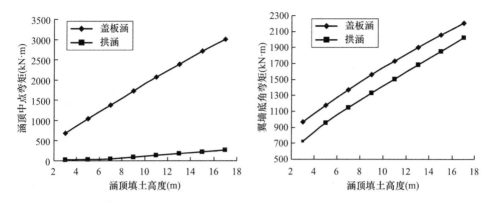

图 3-45　涵顶中点弯矩随填土高度变化曲线　　图 3-46　翼墙底角弯矩随填土高度变化曲线

从图 3-45 可以看出，盖板涵涵顶的跨中弯矩要比同条件下的拱涵的大，随着填土高度的增加，两种涵形涵顶跨中弯矩差别逐渐增大。

从图 3-46 可以看出盖板涵的翼墙底角弯矩比同条件下的拱涵的大，随着填土高度的增加，两种涵形翼墙底角弯矩差别逐渐增大。

从图 3-47 可以看出，盖板涵基础底板最大弯矩要比同条件下的拱涵基础的大，随着填土高度的增加，两种涵形基础底板最大弯矩差别逐渐增大。

综合以上分析，对称均匀地基设涵，涵顶填土高度较小的情况下，盖板涵和拱涵的受力状况与位移情况比较接近，盖板涵具有施工简单，造价相对较低等特点，优选涵形为盖板涵。当涵顶填土较大时，盖板涵顶板中心会产生较大弯矩，所以高填土路堤下不宜使用盖板涵。

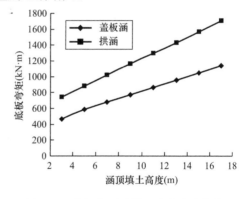

图 3-47　底板弯距随填土高度变化曲线

3.3.2　半软半硬地基设涵

通过数值模拟研究了涵洞设于半软半硬地基上，盖板涵、拱涵涵体受力与位移的变化规律。涵洞结构为钢筋混凝土拱涵与盖板涵，高度 $h=8.0m$，基础宽度 $D=10m$，涵洞净宽 $b=8.0m$，最大填土高度 $H=18m$，坡角 $60°$。基底左侧为坚硬岩石，压缩模量 $E_s=3GPa$，泊松比 $\mu=0.15$，基底右侧为粉质黏土地基，压缩模量 $E_s=20MPa$，泊松比 $\mu=0.35$，黏聚力 $c=25kPa$，内摩擦角 $\varphi=18°$。

（1）涵洞设于半软半硬地基，涵顶填土高度为4m时，涵洞路段变形后网格如图3-48所示。

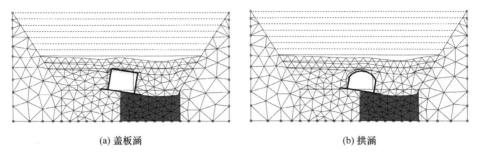

(a) 盖板涵　　　　　　　　　(b) 拱涵

图 3-48　变形后的网格

涵顶填土高度为4m时，半软半硬地基上盖板涵、拱涵涵体土压力、涵体位移与弯矩分布如图3-49～图3-51所示。

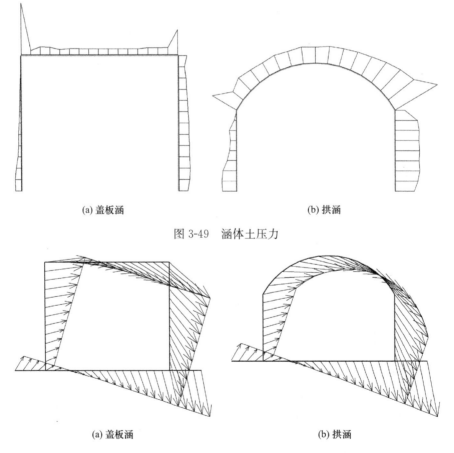

(a) 盖板涵　　　　　　　　　(b) 拱涵

图 3-49　涵体土压力

(a) 盖板涵　　　　　　　　　(b) 拱涵

图 3-50　涵体位移

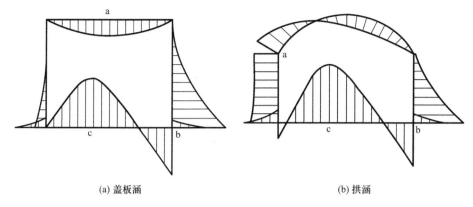

(a) 盖板涵　　　　　　　　　　　(b) 拱涵

图 3-51　涵体弯矩

由图 3-49 和图 3-50 可知，在涵顶填土高度为 4m 时，盖板涵基础底板沉降差为 53mm，涵顶中点土压力 85kPa，顶角最大土压力为 666kPa；相同条件下拱涵基础底板沉降差为 57mm，较盖板涵高出约 4mm，涵顶中点土压力为 101kPa，比盖板涵高 16kPa；顶角最大土压力 342kPa，比盖板涵低 324kPa。

由弯矩图 3-51 可以知，在涵顶填土高度为 4m 时，盖板涵顶板跨中 a 点弯矩为 899kN·m，翼墙底角 b 点弯矩为 2622kN·m，基础底板 c 点弯矩最大为 2730kN·m；拱涵拱脚 a 点弯矩为 1107kN·m，翼墙底角 b 点处弯矩为 1864kN·m，基础底板 c 点弯矩最大为 2571kN·m。此时，采用拱涵与盖板涵在沉降控制方面效果相当，受力状态拱涵比盖板涵优越。

（2）涵洞设于半软半硬地基上，涵顶填土高度为 18m 时，涵洞路段变形后网格如图 3-52 所示。

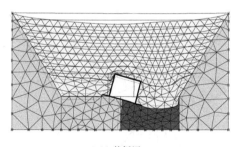
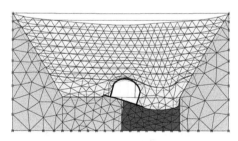

(a) 盖板涵　　　　　　　　　　　(b) 拱涵

图 3-52　变形后的网格

涵顶填土高度为 18m 时，设置于半软半硬地基上的盖板涵、拱涵涵体土压力、位移与弯矩分布如图 3-53～图 3-55 所示。

由图 3-53 和图 3-54 可知，在涵顶填土高度为 18m 时，盖板涵基础底板沉降差为 102mm，涵顶土压力 441kPa，顶角最大土压力 2660kPa；相同条件下拱涵基础底板沉降差为108mm，较盖板涵高出约6mm，涵顶土压力为560kPa，比盖板涵高119kPa，顶角最大土压力811kPa，比盖板涵低1849kPa。

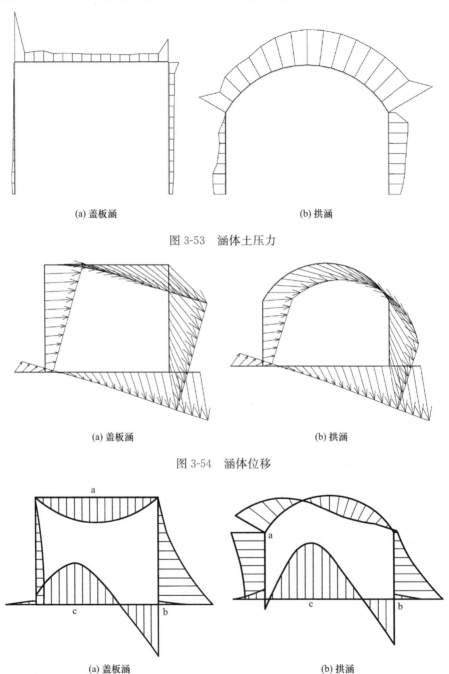

(a) 盖板涵　　　　　　　　　　(b) 拱涵

图 3-53　涵体土压力

(a) 盖板涵　　　　　　　　　　(b) 拱涵

图 3-54　涵体位移

(a) 盖板涵　　　　　　　　　　(b) 拱涵

图 3-55　涵体弯矩

由图 3-55 可知，在涵顶填土高度为 18m 时，盖板涵顶板跨中 a 点弯矩为 3860kN·m，翼墙底角 b 点弯矩为 7860kN·m，基础底板中心 c 点弯矩最大，为 6349kN·m；拱涵拱脚 a 点弯矩为 3550kN·m，翼墙底角 b 点处弯矩为 4626kN·m，基础底板中心 c 点弯矩最大，为 5819kN·m。

此时，拱涵与盖板涵沉降相差不大，涵顶中点压力比盖板涵大 30%，但涵顶土压力分布比盖板涵均匀，尤其在拱角处不会像盖板涵一样产生较大应力集中现象。

综合以上分析，半软半硬地基条件，盖板涵的受力状况很不利，不宜采用，拱涵拱脚虽然应力集中程度相对较小，但是拱圈局部拉应力依然很大，此种情况下，一般需要进行地基处理。

3.3.3 存在偏载效应设涵

通过数值模拟研究了涵洞设于具有偏载效应地形时，涵体受力与变形的特点。涵洞结构为钢筋混凝土拱涵与盖板涵，高 $h=8$m，基础宽 $D=10$m，涵洞净宽 $b=8$m，最大填土高度 $H=18$m，基底平面沟谷宽度 $B=60$m，涵洞左侧距离岸坡 $L_1=45$m，坡角 75°，涵洞右侧距离岸坡 $L_2=5$m，坡角 60°，为非对称沟埋式涵洞。基底为粉质黏土地基，压缩模量 $E_s=20$MPa，泊松比 $\mu=0.35$，黏聚力 $c=25$kPa，内摩擦角 $\varphi=18°$，有限元计算网格划分如图 3-56 所示。

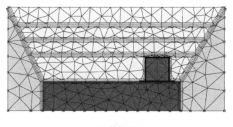

(a) 盖板涵

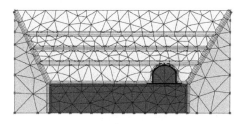

(b) 拱涵

图 3-56 网格划分

(1) 偏载效应地形条件设涵，盖板涵与拱涵涵顶填土高度为 5m 时，变形后的网格如图 3-57 所示，盖板涵与拱涵涵体土压力、涵体位移与涵体弯矩，如

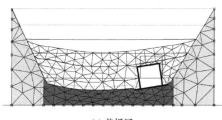

(a) 盖板涵

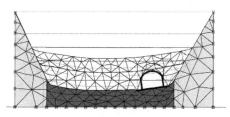

(b) 拱涵

图 3-57 变形后的网格

图 3-58~图 3-60 所示。

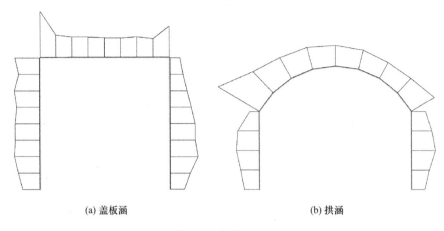

(a) 盖板涵　　　　　　　　　　(b) 拱涵

图 3-58　涵体土压力

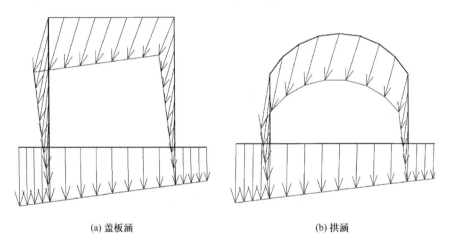

(a) 盖板涵　　　　　　　　　　(b) 拱涵

图 3-59　涵体位移

由图 3-58 和图 3-59 可知，涵顶填土高度为 5m 时，盖板涵基础底板沉降差 63mm，涵顶中点土压力 142kPa，顶角最大土压力 300kPa；同条件下拱涵基础底板沉降差为 56mm，较盖板涵小 7mm，涵顶中点土压力为 127kPa，比盖板涵低 15kPa，顶角最大土压力 300kPa 与盖板涵相当。

涵体弯矩如图 3-60 所示，盖板涵顶板跨中 a 点弯矩 1183kN·m，翼墙下底角 b 点弯矩 1728kN·m，拱涵拱脚 a 点弯矩 420kN·m，翼墙下底角 b 点弯矩 758kN·m，基础底板最大弯矩 675kN·m。

综上所述，填土不高的情况下，设置于偏载地形条件的拱涵与盖板涵沉降相差不大，拱涵比盖板涵受力状态略优，内力分布相对合理。此时，若采用盖板涵则要求顶板、翼墙、基础具有更大的抗弯刚度。

3.3 涵体选型

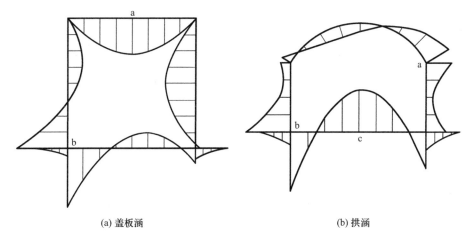

(a) 盖板涵　　　　　　　　　　　　(b) 拱涵

图 3-60　涵体弯矩

（2）偏载效应地形设涵，盖板涵与拱涵涵顶填土高度 18m 时，变形后的网格如图 3-61 所示。

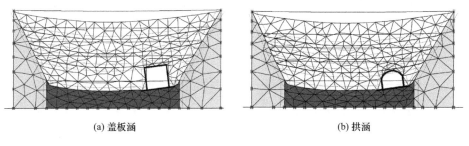

(a) 盖板涵　　　　　　　　　　　　(b) 拱涵

图 3-61　变形后的网格

路堤填土完成后涵体土压力、涵体位移和涵体弯矩如图 3-62～图 3-64 所示。

由图 3-62 和图 3-63 可知，涵顶填土高度为 18m 时，盖板涵基础底板沉降差为 102mm，涵顶中点土压力 344kPa，顶角最大土压力 806kPa；相同条件下拱涵基底沉降差为 103mm，与盖板涵相比高出约 1.4mm，涵顶中点土压力为 422kPa，比盖板涵高 78kPa，顶角最大土压力 658kPa，比盖板涵低 148kPa。此时，拱涵与盖板涵在沉降相差不大，涵顶土压力分布比盖板涵均匀，拱涵涵顶中点土压力比盖板涵大 23%，尤其在顶角处不会像盖板涵一样产生较大应力集中现象，受力状态比盖板涵优越。

涵体弯矩如图 3-64 所示，盖板涵顶板跨中 a 点弯矩 3629kN·m，翼墙下底角 b 点弯矩 2964kN·m，拱涵拱脚 a 点弯矩 1220kN·m，翼墙下底角 b 点弯矩 2152kN·m，基础底板最大弯矩 1419kN·m。非对称地形设涵，由于偏载效应

55

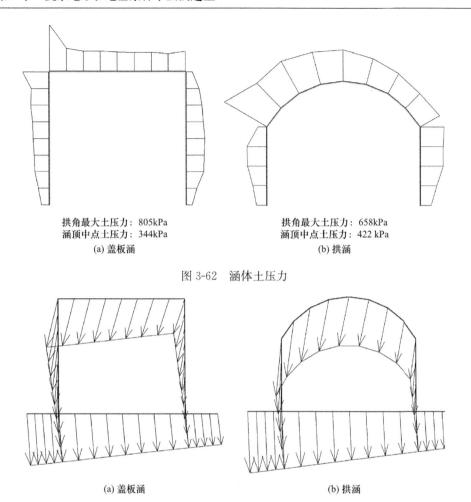

拱角最大土压力：805kPa　　　　　　　拱角最大土压力：658kPa
涵顶中点土压力：344kPa　　　　　　　涵顶中点土压力：422 kPa
　　　　(a) 盖板涵　　　　　　　　　　　　　(b) 拱涵

图 3-62　涵体土压力

　　　　(a) 盖板涵　　　　　　　　　　　　　(b) 拱涵

图 3-63　涵体位移

影响，盖板涵顶板、翼墙、基础会有很大的弯矩，因而不宜选用。采用拱涵时对基础抗弯刚度的要求也较高的，因此，不利地形或地基条件下拱涵一般采用整体式基础。

　　综合以上分析，在涵顶填土不高时，偏载效应影响较弱，盖板涵和拱涵受力与位移状况比较接近，两者沉降相差不大。盖板涵受力状态略差，施工比拱涵简单，造价较低，因此，在涵顶填土不高时，偏载效应地形设涵仍可以考虑使用盖板涵。当填土高度较高时，虽然盖板涵与拱涵沉降方面相差不是很大且涵顶中点压力比拱涵要小，但是涵顶土压力分布很不均匀，尤其在顶角处应力集中很严重，因此，在高填土下，偏载效应地形设涵宜使用拱涵，由于拱涵比盖板涵基底弯矩更大，采用拱涵时要求基础有较高的抗弯刚度，不利地形或地基条件下拱涵一般采用整体式基础。

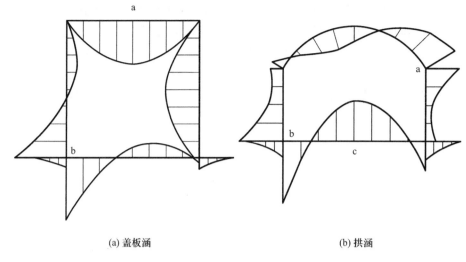

(a) 盖板涵 (b) 拱涵

图 3-64 涵体弯矩

涵洞选型工作分析比较了不同结构形式涵洞的受力与变形特性，给出了不利条件下受力、变形相对较优的涵体与基础形式，但无法避免涵洞构造物受力与变形不合理的情况，因此，设涵于不利地基（地形）条件时，一般需要进行地基处理。

3.4 本章小结

介绍了涵洞选型依据以及洞口形式选型原则；通过对不同填土高度均质地基、半软半硬地基和存在偏载效应地形条件设涵的情况进行数值模拟，分析了盖板涵和拱涵分别采用分离式基础和整体式基础时，涵体受力与变形特性，得到了以下结论：

（1）低填方涵洞采用整体式基础与分离式基础受力与位移相差不大，在均质地基条件下，采用分离式基础较为经济。高填方构造物采用整体式基础得到的修正后地基承载力比分离式基础高，且沉降小，高填方涵洞基础选型时宜采用整体式基础。

（2）半软半硬或者存在偏载作用的涵洞采用分离式基础拱角会产生较整体式基础更大的弯矩，拱圈受力不合理；分离式基础整体性较差，左右基础会发生比较大的差异沉降，涵顶拱圈会出现拉应力，采用整体式基础涵体受力与变形状况较为合理。

（3）对于承载力较高的均质地基，当涵顶填土高度较小（小于10m）时，盖板涵涵体与涵顶土压力分布虽然没有拱涵优越，但是盖板涵受力与变形仍较易满足设计要求，其施工相对简单，造价较低，应优先考虑采用盖板涵。

（4）当涵顶填土高度较大（大于10m）时，盖板涵顶板和基础底板弯矩较大，拱涵受力以轴力为主，受力更为合理，涵体结构宜优先考虑采用拱涵。

（5）半软半硬地基或存在偏载效应的地形设涵时，盖板涵翼墙底角处弯矩较大，不宜选用盖板涵。拱涵整体性较好，受力与变形较为合理，应优先考虑使用拱涵。

第4章 高填方涵洞减载机制与数值模拟

4.1 概述

山区高速公路修筑时不可避免地使用高填方路堤,涵顶上覆荷载通常较大,土压力集中往往引起涵顶纵向开裂,成为山区高填方涵洞工程的典型病害。国内外学者通过理论、试验和数值模拟等手段对涵洞减载方法进行了研究,并取得了一定的成果。

目前的高填方涵洞减载大都通过调整路堤填土的沉降变形特性来实现,即通过减小涵顶平面处内外土柱体之间的沉降差,甚至使涵顶内土柱体的沉降大于外土柱体的沉降来实现将作用在涵顶的填土荷载转移到其台背填土上,以减小涵顶荷载的目的。譬如改变涵顶填土刚度差异的中松侧实法、减小涵顶平面差异沉降的柔性填料法、加筋减载法以及利用边界条件分担涵顶填土荷载的先填后挖法等。

本章在考虑涵洞-填土相互作用的基础上,分析了涵洞减载的原理。通过数值模拟分析了中松侧实法、柔性填料法、先填后挖法以及地基加固方法等对涵顶的土压力系数的影响。

4.2 涵洞减载原理

准确、清楚地认识涵洞-填土的相互作用机理是正确认识涵洞减载的原理并对涵洞进行有效减载处理的基础。

4.2.1 涵洞-填土相互作用机理[2]

图 4-1 为涵洞-填土相互作用机理示意图。图中 M_{11}、M_{12} 和 M_{13} 为涵顶路堤填土的质量,M_{22} 为涵洞的质量,M_{21} 和 M_{23} 为涵洞台背填土的质量。K_{11}、K_{12} 和 K_{13} 为涵顶路堤填土的刚度,K_{22} 为涵洞的刚度,K_{21} 和 K_{23} 为涵洞台背填土的刚度,τ_1、τ_2 分别为涵顶内、外土柱体之间的摩擦力(或剪切力)。

涵洞受力状态与一般地上建筑物不同,它与路堤填土及地基土性状等因素有关。由图 4-1 可知,涵洞刚度 K_{22} 大于两侧台背填土刚度 K_{21} 和 K_{23},所有 M_{11}(或 M_{13})的竖向位移大于 M_{12} 的竖向位移,因为涵顶上部内外土柱体之间的拖拽作用,则作用在涵顶上的土压力不仅仅是上覆土柱体重量 $M_{12}g$,还会有附加

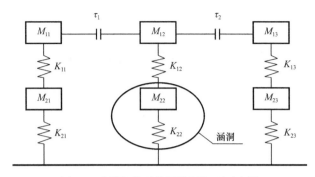

图 4-1 涵洞-填土共同作用机理示意图

压力作用于涵顶,作用在涵顶的实际土压力为

$$p = M_{12}g + \tau_1 + \tau_2 \tag{4-1}$$

由以上分析可知,在通常情况下,由于涵体刚度大于台背填土刚度,涵顶会存在附加压力引起涵顶土压力大于其上覆土柱体的自重压力。

4.2.2 涵洞减载原理

若能够采取合理有效地减载措施减小涵顶受到的填土荷载,就可以减小涵洞尺寸并降低涵洞地基的设计承载力,为工程建设节约大量资金,同时也可以提高涵洞的安全性。

由图 4-1 可看出,涵洞与台背填土的刚度差异越大,M_{21}(或 M_{23})与 M_{22} 之间的差异沉降就越大,τ_1 和 τ_2 也会随之增大,由式(4-1)可知,涵顶土压力也将增大。当天然地基刚度差异不大并满足承载力要求时,通常不进行地基处理,此时,涵洞及其两侧地基刚度基本相同。在此情况下,主要是 M_{21}、M_{23} 与 M_{22} 之间的差异沉降会影响 τ_1 和 τ_2 的值。

如图 4-2 所示,根据上述分析,对高填方涵洞路段采用的人工措施减小涵洞

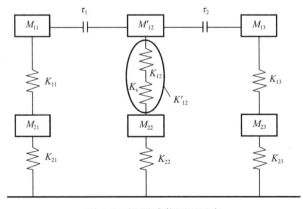

图 4-2 涵洞减载原理示意

所在土柱的整体刚度（$K'_{12}<K_{12}$）可减小涵顶内外土柱体之间的沉降差，从而减小内外土柱体之间的剪切应力 τ_1 和 τ_2，甚至使涵顶内土柱体的沉降量略大于外土柱体的沉降量，使内外土柱体之间的剪应力 τ_1 和 τ_2 反向，把作用在涵洞顶部的填土荷载转移到涵洞台背填土上，以达到减小涵顶填土荷载的目的。

目前，在高填方路堤下涵洞所采用的人工减载措施主要有中松侧实法和柔性填料法，这两种方法通过改变涵顶填土刚度差异来减小涵顶平面差异沉降。此外，还有利用边界条件分担涵顶填土荷载的先填后挖法等方法。

4.3 涵洞减载措施

利用有限元软件 PLAXIS2D 进行数值模拟，对涵洞采取不同减载措施时的减载效果进行分析。为探讨不同措施的减载效果，规避地形因素对涵洞受力的影响，按照上埋式涵洞建立计算模型。根据现场及室内土工测试资料将数值模拟各材料参数取值列于表 4-1。

数值模拟计算参数　　　　　　　　表 4-1

基础	E（MPa）	μ	c（kPa）	φ（°）	φ_f（°）	γ（kN/m³）
涵洞	30000	0.20	—	—	—	25
路堤填土	30	0.35	2.5	25	0	20
地基土	100	0.30	1	35	0	20

数值模拟的断面如图 4-3 所示，涵顶填土高度 $H=20$m，涵洞高度 $h=7.5$m，涵洞宽度 $b=4$m。

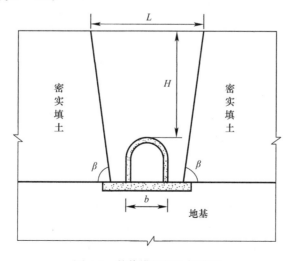

图 4-3　数值模拟的几何模型

涵顶填土分层填筑，当填土完成时，涵洞路段竖向位移等值线如图4-4所示。

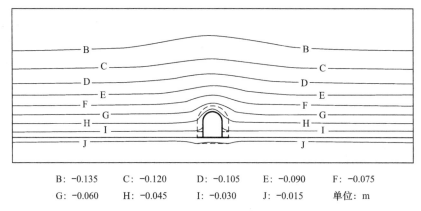

B: -0.135　C: -0.120　D: -0.105　E: -0.090　F: -0.075
G: -0.060　H: -0.045　I: -0.030　J: -0.015　单位: m

图4-4　涵顶填土竖向位移等值线

由图4-4可以看出，由于涵体与台背填土的刚度差异，涵顶填土沉降小于同一高程处路堤填料的沉降，在涵顶平面处，差异沉降最大。台背两侧填土与涵顶填土的沉降差往往引起涵顶土压力集中现象。涵洞路段土压力等值线如图4-5所示。

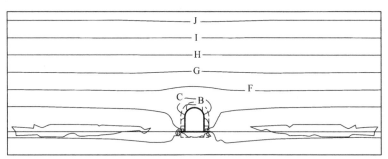

B: 427.5　C: 380.0　F: 237.5　G: 190.0　H: 142.5　I: 95.0　J: 47.5　单位: kPa

图4-5　涵洞路段土压力等值线

由图4-5可以看出，在不采取减载措施时，台背两侧填土与涵顶填土的沉降差往往引起涵顶土压力集中现象。涵顶土压力大于上覆土体自重压力，涵顶最大土压力达到604kPa，涵顶土压力系数为1.51。

4.3.1　中松侧实法

在路堤填土时，先将涵洞台背两侧填土完成并碾压密实，然后进行涵顶填土，涵顶填土时涵顶正上方填土压实度与两侧填土相比较低，使涵洞两侧填土压缩变形量小于涵顶填土压缩变形量，减小涵顶内外土柱体之间的沉降差，从而降低涵顶的土压力集中程度，达到减载的目的，如图4-6所示。

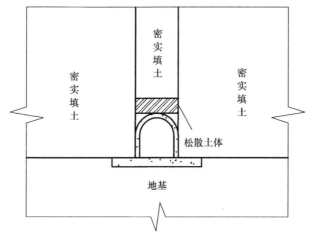

图 4-6 中松侧实法示意图

采用中松侧实法进行减载，松散填料位于涵顶正上方，高度为 2m，宽度与涵体等宽。当填土完成时涵洞路段涵顶填土竖向位移等值线如图 4-7 所示。

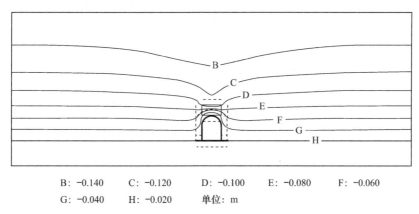

B: -0.140   C: -0.120   D: -0.100   E: -0.080   F: -0.060
G: -0.040   H: -0.020   单位: m

图 4-7 涵顶填土竖向位移等值线

由图 4-7 可以看出，采用中松侧实法增大了涵顶上方填土的竖向位移，调整了涵顶平面的差异沉降，有利于减小涵顶土压力。通过改变涵顶松散土体与周围密实填土压缩模量的比值，对涵顶土压力系数的变化规律进行了分析，如图 4-8 所示，从图中可以看出，涵顶内外土柱体压缩模量的比值越大，涵顶土压力系数越大。

通过减小涵顶内外土柱体变形模量

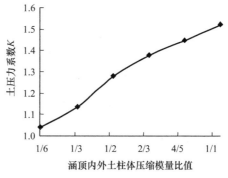

图 4-8 涵顶内外土柱体压缩模量
比值对土压力系数的影响

的比值可以起到良好的减载效果，但同时可能引起路堤顶面沉降量的增大，甚至影响路堤的稳定性，形成安全隐患，特别是当路堤填土较高时更是如此。如果路堤填土不高，涵顶填土碾压不密实则可能引起路面产生过大的沉降差，影响道路的正常使用。因此，中松侧实法在工程应用中存在一定的局限性，施工中要特别注意涵顶填土松散区的范围，过小不能起到减载效果，过大则会影响工程质量。

4.3.2 柔性填料法

柔性填料法本质上与中松测试法相同，在涵顶换填柔性填料后，由于柔性填料的压缩模量很小，在涵顶铺设一层厚度为 10～50cm 的柔性填料起到协调涵顶填土变形的作用，可以减小涵顶以上填土的沉降差，有效降低涵顶的土压力集中程度，如图 4-9 所示。

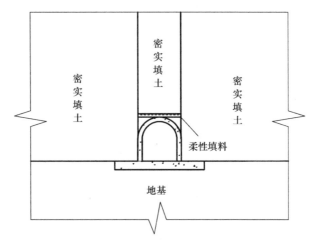

图 4-9　柔性填料法示意图

目前，在工程中应用较多的柔性填料是可发性聚苯乙烯（EPS）泡沫塑料。当填土达到一定高度以后，涵顶铺设的柔性材料会在填土荷载的作用下发生屈服，产生较大的变形，从而减小涵顶内外土柱体之间的沉降差，降低涵顶的土压力集中程度，达到涵顶减载的效果（EPS 板的模量取值为 1250kPa，采用理想线弹性模型）。

通过数值模拟分析得到涵顶填土的竖向位移等值线图（图 4-10）。从图中可以看出，由于涵顶铺设了柔性材料，涵顶内土柱体位移大于外土柱体位移，因而，可以通过内外土柱体之间的摩阻力，使涵顶上方内土柱体的自重荷载传递给外土柱体。

通过数值模拟对涵顶铺设柔性材料时的减载效果进行评价。图 4-11 为在相同填土高度（18m）的情况下，涵顶土压力系数随 EPS 板厚度的变化规律，从

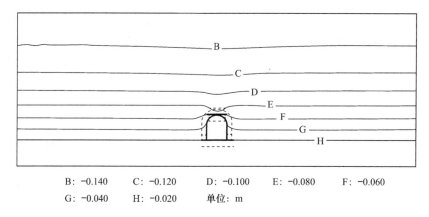

图 4-10 涵顶填土竖向位移等值线

图中可以看出，铺设 EPS 板后涵顶土压力明显降低。图 4-12 为相同厚度 EPS 板（20cm）时，涵顶土压力系数随填土高度的变化规律。当填土较低时，EPS 板变形较小，此时减载效果不明显。随着填土高度的增加，EPS 板将会产生较大的压缩变形，涵顶土压力系数显著减小。当 EPS 板压缩到极限时，涵顶的土压力系数就趋于稳定。

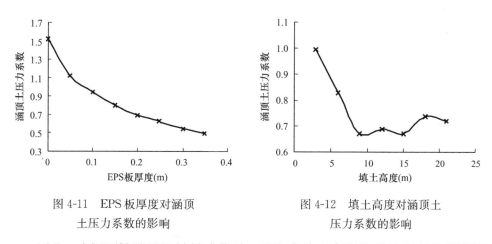

图 4-11 EPS 板厚度对涵顶土压力系数的影响

图 4-12 填土高度对涵顶土压力系数的影响

因此，在涵顶铺设柔性材料减载时，需注意填土高度和柔性材料的铺设厚度，填土高度一定时，要适当选择所铺设的柔性材料厚度。厚度过小，减载效果不明显；而厚度过大，又会造成材料浪费或者引起路堤的过大沉降。因此，在高填方涵洞减载设计时，铺设的柔性材料厚度要与涵顶填土高度相匹配，最大程度地发挥其减载效果。

4.3.3 先填后挖法

在路堤填筑完成之后，通过挖掘设备在路堤上开挖沟槽并埋设涵管，然后回填涵管上部填土，此时沟槽两侧填土的沉降已经基本完成，而涵顶填土由于是后填筑的，即使碾压密实也会发生一定的沉降，此时涵管上覆填土相对两侧路堤填土会有一个向下的相对位移，通过与两侧路堤填土间摩阻力将涵顶填土自重荷载传递到涵侧土体中，从而达到减小涵顶土压力的目的。由数值模拟所得竖向土压力等值线图（图4-13）可以看出，涵顶仍然存在土压力集中现象，但与未采取任何减载措施的涵洞相比，涵顶竖向土压力显著减小。

先填后挖法的本质就是人为地形成沟埋式涵洞的边界条件，达到改善涵顶土压力分布的目的。

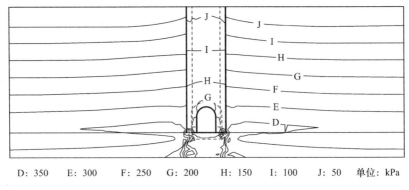

D: 350   E: 300   F: 250   G: 200   H: 150   I: 100   J: 50   单位: kPa

图4-13　先填后挖法涵顶填土竖向土压力等值线

1. 沟槽宽度的影响

当沟槽两侧的开挖面竖直时，即所开挖边坡的角度 $\beta=90°$，沟槽开挖宽度 L 对涵顶土压力系数的影响如图4-14所示。

由图4-14可以看出，沟槽宽度对涵顶土压力有较大的影响。涵顶土压力系数随沟槽宽度的增加而增大，当 $L<3b$ 时，涵顶土压力系数较小；当 $L>3b$ 以后趋于稳定，并且填土越高，此种减载措施的减载效果越显著。因此，为获得较好的减载效果，采用先填后挖减载措施时，沟槽的开挖宽度应尽量与涵洞宽度相当。

2. 沟槽角度的影响

数值模拟通过改变所开挖沟槽两侧边坡的角度 β 来考察沟槽角度的影响，得到的涵体位移与涵顶土压力变化规律如图4-15所示。

由图4-15可知，当 $\beta<30°$ 时，涵顶土压力系数随 β 的增加而略有减小，先填后挖法的减载效率缓慢增强；当 β 在 $30°\sim60°$ 时，涵顶土压力系数随着 β 的增加逐渐增大，沟槽减载效率逐渐减弱；当 $\beta>60°$ 时，沟槽减载效率再次快速增强，涵顶土压力系数迅速减小，因此，沟槽开挖面应竖直。

4.3 涵洞减载措施

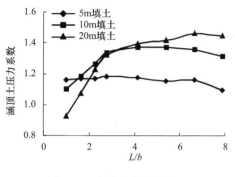

图 4-14 沟槽宽度对涵顶土压力系数的影响

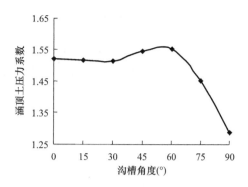

图 4-15 沟槽角度对涵顶土压力系数的影响

4.3.4 加筋减载法

加筋减载法[60]就是在涵顶上方一定的宽度和高度范围内铺填压实度较小的松散土体或柔性填料,形成一个柔性减载孔来增大涵顶上方土柱体的沉降,但为了避免减载孔内的松土或柔性填料引起过量的沉降,在减载孔上方铺设一层或多层土工格栅并在其上填土压密,格栅两端锚固在涵顶两侧的密实填土中,如图 4-16 所示。

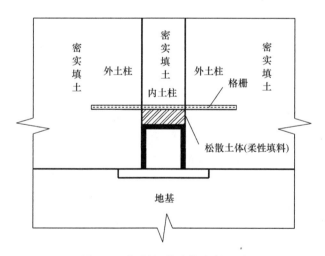

图 4-16 涵洞加筋减载法断面图

在涵顶采用加筋减载法时应当保证涵顶松散填土顶部的沉降 s_1 大于同一平面涵顶两侧填土沉降 s_2,即内外土柱体之间的沉降差:$\Delta s=(s_1-s_2)>0$。如图 4-17 所示,加筋减载法可以通过两种方式将涵顶内土柱体的自重荷载传递到外土柱体:(1) 在填土自重荷载作用下,涵顶松散填土会发生较大的沉降从

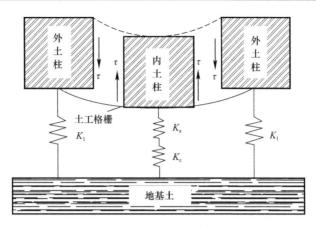

图 4-17 涵洞加筋减载法工作机理示意图

而通过内外土柱体接触面上的剪切力将涵顶上方土柱体自重荷载向涵顶两侧土柱体转移；(2) 埋设于涵顶减载孔上方的格栅或其他加筋材料，通过"提兜效应"部分承担作用于涵顶上的竖向土压力，并将这部分荷载转移到外土柱体上，从而进一步减小涵顶土压力。

4.3.5 地基加固时的措施

上述内容分析了天然地基能够满足地基承载力要求的情况，即天然地基条件下减小涵洞顶部土压力的措施。在涵洞地基承载力不能满足要求时，需要进行地基加固，根据涵洞-填土-地基相互作用机理可知，可以通过调整地基刚度等措施来降低涵顶土压力。

1. 地基刚度

通过改变地基土的模量分析地基处理后的刚度对涵洞受力的影响，有限元计算所得到的涵顶土压力系数如图 4-18 所示。

由图 4-18 可知，地基模量从 5MPa 增加到 40MPa 时，涵顶土压力系数增大近 20%。地基压缩模量越大，涵顶土压力集中现象越严重，对涵洞构造物强度的要求也越高。因此，采用地基加固措施后的涵洞地基的刚度不应过大，而应综合考虑地基承载力和涵洞结构的受力状态的要求。

2. 地基处理宽度

对涵洞进行地基处理时，可以适当加宽处理范围，对涵洞基底两侧一定宽度的地基进行处理，作为过渡区。为了降低涵顶土压力的集中程度，基底加固区刚度提高得越多，相应要求过渡区刚度提高也越多。涵顶土压力系数随地基处理宽度 s 的变化规律如图 4-19 所示。

随着地基处理宽度的增加，涵顶土压力系数逐渐减小。综上所述，处理后的涵洞地基满足承载力与沉降要求即可，而不宜提出更高的承载力要求，加固区尽可能采用柔性的地基处理方式，并加宽处理范围，这样既可以简化处理，降低工程造价，又有利于改善涵洞的受力状态。

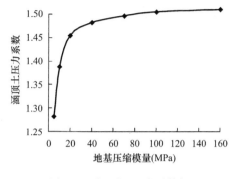

图 4-18 涵顶土压力系数与地基压缩模量关系曲线

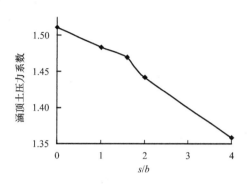

图 4-19 地基处理宽度对涵顶土压力系数的影响

4.4 本章小结

高填方引起的涵顶土压力集中往往造成涵顶纵向开裂，通过涵洞-填土-地基相互作用机理的研究，分析了涵洞减载的原理。通过数值模拟分析了中松侧实法、柔性填料法、先填后挖法以及地基加固方法对涵顶土压力系数的影响。结果表明：

（1）在不影响路面沉降以及路堤稳定性的情况下，可在路堤一定高度范围内适当采用中松侧实法或采用柔性填料法来调整填土在涵顶平面的不均匀沉降，减弱涵顶的土压力集中，提高涵洞结构的安全性。

（2）采用先填后挖的施工措施能够减小涵顶土压力的集中程度，此种方法开挖时宜采用竖直开挖面，且开挖的宽度最好与涵洞宽度相当。

（3）涵洞地基需要进行处理时，在满足地基承载力要求的基础上，应尽量采用柔性的地基处理方法，这样既可以降低处理成本，又可以减小涵顶的土压力，并且地基处理应延伸至基底以外一定的范围，这样可以有效地缓解涵顶土压力的集中程度。

第5章 高填方涵洞新型格栅加筋减载的现场试验

5.1 概述

文献[61]提出了在柔性填料上方铺设加筋材料的加筋减载法,并通过一系列的模型试验对其减载效果进行了分析。目前,国内外尚没有比较完整的加筋减载法处理高填方涵洞的现场试验的相关报道。现场测试结果的匮乏制约了加筋减载法的推广和应用。本章的主要目的是通过对现场实测结果的分析来研究高填方涵洞上覆土压力的分布及变化规律,为涵顶设置加筋材料的高填方涵洞的设计和土压力计算理论研究提供参考和依据。

5.2 现场试验

5.2.1 工程概况

长(治)安(阳)高速公路的长治—平顺段位于山西省东南部,公路沿途地貌单元主要有黄土覆盖构造剥蚀基岩低中山区、陶清河山间凹陷区、冲积平原区。本试验段涵洞位于长治—平顺高速公路第十一合同段。涵洞所在区域地貌类型主要为丘陵地貌,公路沿线存在的特殊性岩土主要为湿陷性黄土,岩性一般为粉土,少数为粉质黏土。一般年降水量在537.4～656.7mm,地质勘察范围内未发现地下水。

5.2.2 现场试验设计

如图5-1所示,现场试验以桩号为MHK42+059处的高填方混凝土拱涵为测试对象,该涵洞总长89.52m,高度为6.35m,顶部宽度为7.0m,基础宽度为9.65m,净宽为3.0m。涵洞上方路堤填土最高为17.2m,在基底平面处沟谷宽约31.6m,涵洞轴线距离左侧岸坡约为10.6m,边坡坡角接近90°,涵洞轴线距离右侧岸坡约为21m,边坡坡角接近90°,该涵洞为典型的宽胸腔非对称沟埋式涵洞。涵洞基底依次为砂卵石层(厚度2m)、粉质黏土层(厚度3m)和老黏土层(厚度5m),老黏土层下卧基岩。本试验结合该拱涵结构,在涵顶采用加筋减载措施,通过在涵顶不同位置布设振弦式土压力盒分析涵洞的受力状态及应力变化规律。

如图 5-2 所示，涵洞路段具体施工步骤为：①涵洞结构施工完成以后，在涵洞两侧分层填土并反复碾压，直至填土高度达到预设格栅所在高程；②在涵顶上方，沿涵洞轴线将填土开挖并清除，形成一宽度 7m 而高度渐变的沟槽；③在涵顶上方的沟槽中回填重度约为 14.8kN/m³ 的松散煤渣，直至预设格栅所在高程；④在松散煤渣顶部铺设三向土工格栅，而后分层填土并压实。

图 5-1 现场测试高填方涵洞

图 5-2 现场测试高填方涵洞

本次现场测试，涵洞路段的路堤顶面宽度为 30m，现场测试的 4 个断面 1-1、2-2、3-3 和 4-4 分别位于路肩及距路肩 10m 对应的涵洞节段，如图 5-3 所示，4 个断面的减载孔高度分别为 2m、1.5m、1.0m 和 0.5m。

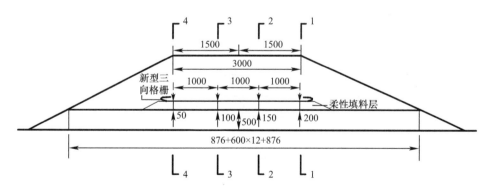

图 5-3 测试断面选取（单位：cm）

5.2.3 土压力盒布置

在涵顶及格栅上、下分别埋设土压力盒来对涵顶竖向土压力随填土荷载的变化进行监测，土压力盒沿涵洞轴线对称布置，以研究涵顶土压力的变化规律和沟谷非对称性对土压力的影响规律，各测试断面的土压力盒布置如图 5-4 所示。

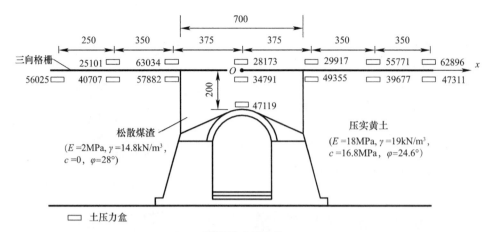

(a) 1-1断面测点布置(单位：cm)

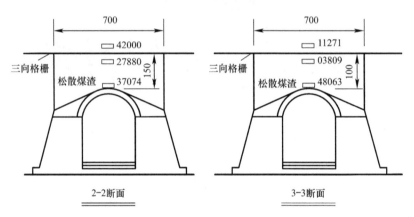

(b) 2-2和3-3断面测点布置(单位：cm)

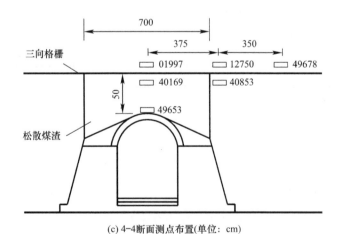

(c) 4-4断面测点布置(单位：cm)

图 5-4　土压力测点布置

5.3 现场试验成果分析

5.3.1 涵顶土压力分布规律

在施工过程中,对 1-1,2-2,3-3 和 4-4 断面的土压力进行连续观测,测试之初有两个土压力盒(48063,63034)失效。主要测试成果绘于图 5-5 和图 5-6 中(注:图中的填土高度均为格栅上方填土的高度)。

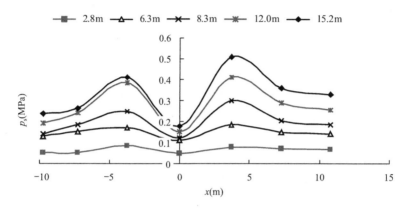

图 5-5 格栅下表面处的土压力(1-1 断面)

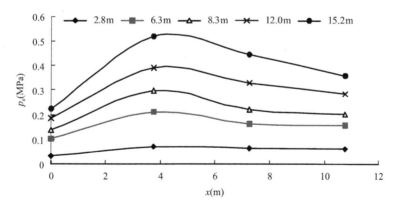

图 5-6 格栅上表面处的土压力(1-1 断面)

图 5-5 中的曲线反映了 1-1 断面格栅下表面处土压力随填土高度的变化规律。从图中的土压力分布规律可以看出,由于涵洞上方布置了减载孔,其中回填材料的模量远小于其两侧密实填土,减载孔的压缩量大于其两侧路堤填土的压缩量,从而在格栅平面处,内外土柱体之间产生正的沉降差,通过内外土柱体之间的摩擦与剪切作用以及格栅的"提兜作用",涵顶上部填土压力向涵洞两侧土体

转移，缓解了涵顶土压力集中现象，使涵洞上方土压力小于线性土压力。同时在涵洞轴线左右3.75m处，土压力明显大于涵顶处，随着到涵洞轴线距离的增加，涵顶两侧土压力逐渐减小最终趋于上覆土柱自重压力。此外，由于在1-1断面处涵洞轴线到左右边坡的距离分别为10.6m与21m，涵顶两侧土压力呈非对称性，即距离边坡较远的一侧的土压力大于距离边坡较近一侧的土压力，填土完成时，实测1-1断面左右两侧应力差值为93kPa。涵顶土压力的这种非对称性会导致涵台外某一侧的土压力过大，从而引起地基产生不均匀沉陷，导致涵洞开裂。在涵洞的设计和施工过程中，应重视沟谷不对称对涵洞结构内力的影响。

在格栅上表面处，涵顶及其右侧土压力分布如图5-6所示。图中的测试成果同样表明，内外土柱体之间的摩擦与剪切作用将涵顶上部填土压力向涵洞两侧土体转移，降低了涵顶土压力集中程度，使涵顶土压力小于上覆土体自重压力。此外，由图5-6可以看到，当填土高度为2.8m时，格栅上表面各处土压力相差不大。随着填土高度的增加，减载孔外侧距离涵洞轴线3.75m处土压力开始增大。随着填土高度进一步增大至12m后，减载孔外侧距离涵洞轴线7.25m处的土压力开始增大。由此可见，涵洞上方土柱体之间的剪力随着填土高度的增加逐渐向远离涵洞轴线处扩散。

图5-7为4-4断面格栅上表面处的土压力，通过与图5-6对比可以看出，相同填土高度时，4-4断面涵洞轴线上方土压力大于1-1断面，而减载孔两侧土压力小于1-1断面。4-4断面减载孔高度仅有0.5m，而1-1断面减载孔高度为2.0m，因此，较高的减载孔有利于提高涵顶荷载转移的效率。

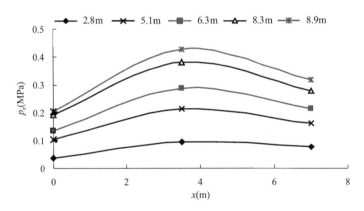

图5-7 格栅上表面处的土压力（4-4断面）

5.3.2 不同减载孔高度的涵顶土压力

沿涵洞轴线，涵顶处土压力随填土高度的变化规律如图5-8所示（土柱法为文献［104］推荐的线性土压力计算方法，其大小为涵洞上覆土体自重压力）。

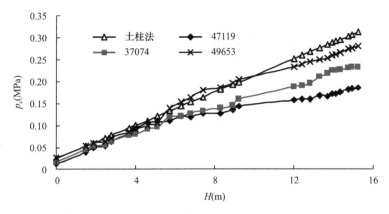

图 5-8 涵顶轴线处涵顶土压力

由图 5-8 可知，随着填土荷载的增加，涵顶平面竖向土压力呈非线性增加。实测 1-1 断面与 2-2 断面涵顶土压力均小于其上覆土柱体自重压力。实测 4-4 断面涵顶土压力在填土之初略小于土柱法计算结果，当填土高度为 5.8～9.2m 时，涵顶土压力增长速率增大，略大于线性土压力，而后随着填土高度进一步增加，涵顶土压力增长速率又逐渐减小，涵顶土压力又逐渐小于线性土压力计算结果。产生这一现象的原因是 4-4 断面减载孔高度较小（0.5m），在填土过程中逐渐被压实，继续填土不能再起到减载作用而引起涵顶土压力增大并大于线性土压力的结果。而当填土高度大于一定高度（9.2m）以后，岸坡对填土的摩擦作用逐渐表现出来，从而又使涵顶上方的土压力减小。由图 5-5 中的 1-1 断面测试成果可知，距离岸坡较近的一侧，涵顶外侧的土压力较小，这也是岸坡和涵洞上方填土之间的摩阻力作用的结果。

从图 5-9 可以看出，相同填土高度时，1-1 断面（减载孔高度 $h=2.0$m）涵顶土压力最小，4-4 断面（减载孔高度 $h=0.5$m）涵顶土压力最大。填土高于

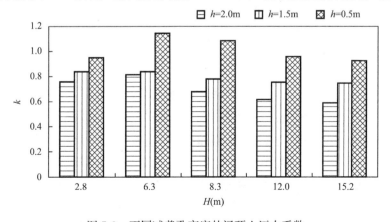

图 5-9 不同减载孔高度的涵顶土压力系数

6.3m 以后，1-1 断面土压力比 4-4 断面小 40% 左右。由此可知，涵顶减载效果与减载孔高度密切相关，不同的减载孔高度对涵洞减载效果有较大的影响，减载孔高度越高，减载效果越明显。

5.3.3 格栅上下土压力

沿涵洞轴线，格栅下表面和上表面的土压力随填土高度的变化规律如图 5-10 和图 5-11 所示。

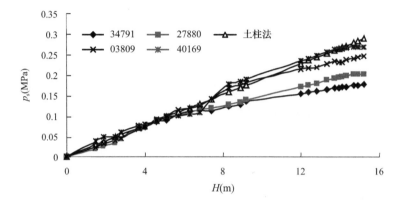

图 5-10　涵洞轴线处格栅下表面土压力

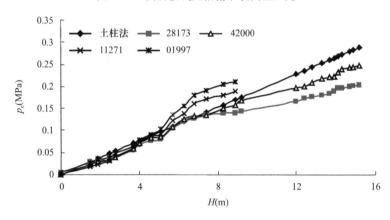

图 5-11　涵洞轴线处格栅上表面土压力

注：涵顶填土 8.9m 时进行过一次重夯，重夯后（11271，01997）失效

由图 5-10 可以看出，1-1 和 2-2 断面格栅下表面土压力实测值均小于按线性土压力理论（土柱法）计算的结果。3-3 断面与 4-4 断面格栅下表面土压力实测结果与线性土压力理论计算结果较为接近。在填土高度大于 6.3m 以后，由于减载孔填料被逐渐压密，3-3 断面和 4-4 断面的格栅上方填土压力增长速率有所增大。

由图 5-11 可以看出，格栅上表面处土压力随填土荷载的增加呈非线性增加。

通过与图 5-10 中的结果进行对比，可以看出在减载孔上方格栅上表面土压力要大于格栅下表面的压力。

为分析格栅的铺设对涵顶土压力的影响，将不同填土高度时各断面格栅上、下土压力绘于图 5-12～图 5-15 中。

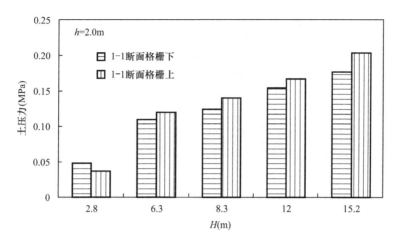

图 5-12　1-1 断面格栅上、下土压力

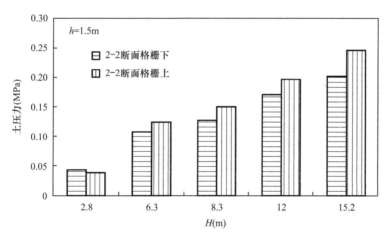

图 5-13　2-2 断面格栅上、下土压力

由图 5-12～图 5-15 可以看出，路堤填土高度为 2.8m 时，土工格栅下侧的土压力略高于格栅上侧的土压力，这是由于此时涵顶填土高度较低，格栅变形发展不充分，"提兜效应"未能发挥，而且格栅上下土压力盒之间的 20cm 填土的重量与填土相比不可忽略引起的。随着路堤填土高度的增加，土工格栅下侧的土压力会逐渐小于其上方土压力。随着路堤高度的增加，格栅"提兜效应"逐渐发挥，起到转移涵顶竖向土压力的作用。而格栅"提兜效应"的减载

77

效果是有限的，随着涵顶填土高度的进一步增长，"提兜效应"的减载效率在 6%~18%。

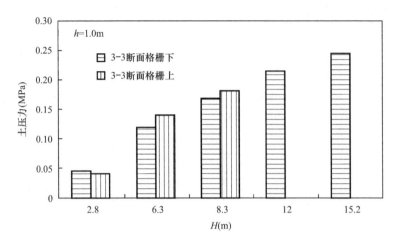

图 5-14　3-3 断面格栅上、下土压力

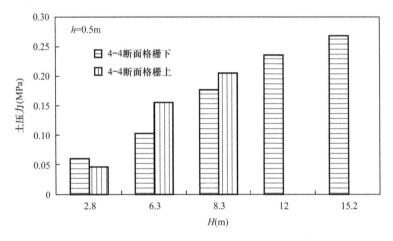

图 5-15　4-4 断面格栅上、下土压力

5.3.4　土压力系数分析

填土过程中，涵顶及其外侧土压力系数 k 随填土高度的变化规律如图 5-16 和图 5-17 所示。

从图 5-16 可以看出，当格栅上填土高度小于 4m 时，涵顶土压力系数随填土高度的增大而减小；当填土高度在 4~6m 时，涵顶土压力系数随填土高度的增大呈增大趋势；当填土高度在 6~8.9m 时，涵顶土压力系数随填土高度的增大而减小；当填土高度大于 8.9m 后，涵顶土压力系数又随填土高度的增大而增

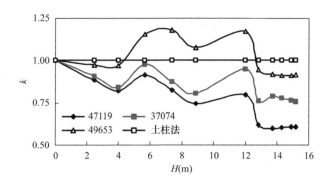

图 5-16 涵顶土压力系数

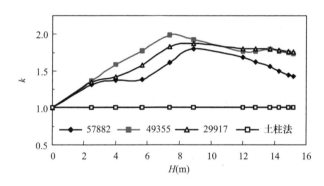

图 5-17 涵顶外侧土压力系数

大；当填土高度大于 12m 后涵顶土压力系数又有所降低。涵顶土压力系数的变化规律表明，一方面由于涵顶减载孔填料与其两侧填料刚度差异较大，在涵顶平面产生不均匀沉降，内外土柱之间的剪切力导致涵顶土压力向两侧转移，不均匀沉降越大，土压力转移现象越显著；另一方面，随着填土高度的增加，填土受到边坡摩阻力和支撑力作用，涵顶填土产生土拱效应，从而降低了涵顶的应力集中程度。然而填土高度越大，减载孔中松散填土的压缩量会越大，松散填料被逐渐压实，导致涵顶平面土压力系数略有增大。涵顶上方填土中的土拱具有不稳定性，在涵顶填土重夯后，填土中的土拱结构破坏，导致了涵顶土压力系数的增大。土拱形成后，随着填土荷载的增加，原土拱遭到破坏，新的土拱逐渐形成，因而涵顶土压力系数呈现出一定的波动特性。从力学角度来讲，沟埋式涵洞路堤的填筑过程就是上部土体中原土拱破坏和新土拱形成的受力变化过程。

从图 5-17 可以看出，涵顶减载孔两侧填土的土压力系数均大于 1.0。当填土高度较低（小于 4.0m）时，减载孔外侧土体的土压力系数随填土高度的增大而略有增大；当填土较高（6.0~8.9m）时，减载孔外侧土体土压力系数随填土高度的增大而增大。当填土高度大于 8.9m 以后，土压力系数随填土高度增加而产生小的波动，最终涵顶减载孔外侧土压力系数趋于稳定。

从图 5-16 和图 5-17 中还可以看出，当填土高度较低时，土压力系数变化较快，而当填土达到一定高度（12.8m）后，土压力系数有小的波动但趋于稳定。这说明采用加筋减载的高填方涵洞的涵顶土压力会产生转移现象，但土压力系数不是无限变化的，当填土达到一定高度后，涵顶减载孔中的松散填土已基本被压实，涵顶平面土层的沉降差不再增加，因此涵顶土层的土压力系数也就趋于稳定；相应的减载孔两侧路堤填土的土压力系数在填土达到一定高度后也趋于稳定，但其值还是大于 1.0 的。

5.3.5　非对称土压力分析

在非对称设涵的情况下，涵顶左右两侧的土压力系数不相等，距离边坡较近一侧的土压力系数小于距离边坡较远一侧的土压力系数。为反映台背到两侧边坡距离的差异对涵顶土压力的影响规律，将涵顶两侧实测土压力和线性土压力随填土高度的增长规律绘于图 5-18。

由图 5-18 可以看出，由于涵洞轴线到两侧边坡距离不等，涵顶土压力呈非对称分布，在离边坡较远一侧涵洞所受土压力大于离边坡较近一侧。土压力呈非对称分布会导致涵台外某一侧的土压力过大，从而导致地基产生不均匀沉陷，引起涵洞开裂。在设计和施工过程中，要考虑其对涵洞结构内力的影响。

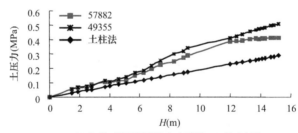

(a) 格栅下部涵洞轴线左右两侧3.5m处土压力

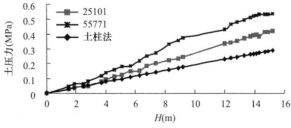

(b) 格栅上部涵洞轴线左右两侧7.0m处土压力

图 5-18　涵顶两侧土压力（一）

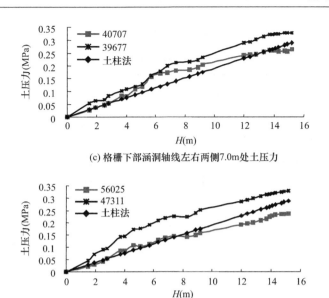

(c) 格栅下部涵洞轴线左右两侧7.0m处土压力

(d) 格栅上部涵洞轴线左右两侧10.5m处土压力

图 5-18 涵顶两侧土压力（二）

5.3.6 理论与试验结果对比分析

在工程实践中，涵顶竖向土压力计算常用的几种方法为：《公路桥涵设计通用规范》JTG D60—2015 方法、《铁路桥涵设计规范》TB 10002—2017 方法、美国规范（AASHTO）方法和 Marston 土压力计算方法。下面将采用这些理论方法计算得到的涵顶土压力与现场测试所得土压力进行对比分析。

（1）《公路桥涵设计通用规范》JTG D60—2015 方法[104]

《公路桥涵设计通用规范》JTG D60—2015 采用线性理论计算涵顶土压力，认为涵顶竖向土压力等于涵洞上覆土体的自重压力，计算式为：

$$p_c = \gamma H' \tag{5-1}$$

式中，H' 为涵顶填土总高度（m）；γ 为路堤填土重度（kN/m³）。

该式表达简洁，计算方便，但是没有考虑填土与涵洞结构的相互作用，将涵洞上覆填土孤立地视为荷载，具有一定的局限性。

（2）《铁路桥涵设计规范》TB 10002—2017 方法[105]

基于极限平衡理论，《铁路桥涵设计规范》TB 10002—2017 在线性理论基础上，考虑涵顶土压力集中现象，采用土压力系数法进行涵顶竖向土压力的计算，计算式为：

$$p_c = K\gamma H' \tag{5-2}$$

式中，K 是涵顶土压力系数；K 根据 H'/B_c（B_c 为涵顶外部宽度）来确定，K

的取值参见表 5-1，当填土久经压实，取 $K=1.0$。

K 取值表 表 5-1

H'/B_c	0.1	0.5	1	2	3	4	5	6	7	8	9	≥10
K	1.04	1.20	1.40	1.45	1.50	1.45	1.40	1.35	1.30	1.25	1.20	1.15

（3）美国规范（AASHTO）方法[106]

美国公路运输规范（AASHTO）考虑土与结构的相互作用，根据涵洞的埋设类型以及涵洞两侧的填土的压实程度将涵洞按照上埋式和沟埋式分别计算，计算式为：

$$W_E = gF_e\gamma_s B_c H' \times 10^{-3} \tag{5-3}$$

$$W_T = gF_t\gamma_s B_c H' \times 10^{-3} \tag{5-4}$$

$$F_e = 1 + 0.20\frac{H'}{B_c} \tag{5-5}$$

$$F_t = \frac{C_d B_d^2}{H' B_c} \leqslant F_e \tag{5-6}$$

式中，W_E 为上埋式涵洞涵顶竖向压力（kPa）；W_T 为沟埋式涵洞涵顶竖向压力（kPa）；g 为重力加速度（N/kg）；C_d 为荷载系数，按下式计算：

$$C_d = \frac{1 - e^{-2fk\frac{H'}{B_d}}}{2fk} \tag{5-7}$$

式中，$f = \tan\varphi$；$k = \tan^2(45°-\varphi/2)$，$\varphi$ 为回填土的内摩擦角；B_c 为涵管外直径（mm）；H' 为填土高度（mm）；γ_s 为路堤填土的密度（kg/m³）；F_e、F_t 分别为上埋式涵洞与沟埋式涵洞的涵-土相互作用系数，由式（5-5）和式（5-6）计算得到。

（4）Marston 理论[11]

Marston 从散体材料极限平衡理论出发，考虑到涵管与填土之间存在刚度差异，涵顶平面将产生差异沉降，涵顶上方内外土柱体相对滑动会引起涵顶土压力集中，而随着填土高度的增长，差异沉降逐渐减小，当涵顶填土高度增大到某一高度 H_e 时，差异沉降减小为零，即存在一均匀沉陷的等沉面，等沉面高度可由式（5-8）求得[107]：

$$\exp(2fkH_e/D) - 2fkH_e/D = 2fk\alpha\delta + 1 \tag{5-8}$$

$$p_c = \frac{\gamma B_c}{2fk_a}[\exp(2fk_a H/B_c) - 1] \quad (H \leqslant h_e) \tag{5-9}$$

$$p_c = \frac{\gamma B_c}{2fk_a}[\exp(2fk_a H/B_c) - 1]$$
$$+ \gamma(H - H_e)\exp(2fk_a H_e/B_c) \quad (H \geqslant h_e) \tag{5-10}$$

式中，$f = \tan\varphi$；k 为主动土压力系数，$k = \tan^2(45°-\varphi/2)$；$H_e$ 为等沉面的高

度；D 为涵管的跨径；α 为涵管埋入原始地面以下深度系数；δ 为沉陷比。

(5) 计算结果与实测结果对比

根据现场路段的几何条件和计算参数进行计算，计算所用参数列于表 5-2 中，计算结果与现场实测结果如图 5-19 所示。

计 算 参 数　　　　　　　　　　表 5-2

材料	E (MPa)	γ (kN/m³)	ν	c (kPa)	φ (°)
涵洞	30000	25.2	0.20	—	—
粉质黏土	7.8	17.8	0.33	7.6	19.7
砂卵石层	30	20.1	0.3	0	28.6
黏土	24.1	18.3	0.3	15.7	21
路堤填土	18	19	0.3	16.8	24.6
减载孔填料	2	14.8	0.36	0	28

注：计算参数由现场原位测试与室内直剪试验得到。

由图 5-19 可以看出，高填方涵洞采用加筋减载以后，各断面涵顶土压力实测结果均小于按照上述理论方法的计算结果，当涵顶减载孔高度为 0.5m（4-4 断面）时，涵顶土压力实测值接近按照《公路桥涵设计通用规范》JTG D60—2015 中线性方法的计算结果。而当涵洞减载孔高度为 2.0m（1-1 断面）时，涵顶土压力实测值远小于涵顶上覆土柱自重压力（线性土压力结果）。因此，减载后的涵顶土压力不应采用上述土压力计算方法，需要一种涵顶土压力的计算方法来准确计算加筋减载后的涵顶土压力。

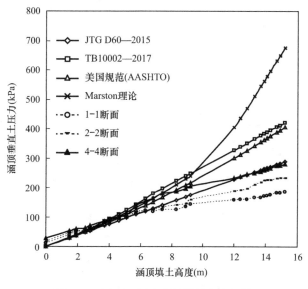

图 5-19　涵顶土压力的计算值与实测值

5.3.7 现场沉降观测

在涵洞通道内部分节段布置沉降观测点，通过水准仪对涵体各节段的沉降进行连续观测，测点布设于涵洞各节段沉降缝的位置附近，如图5-20所示。

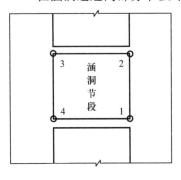

图5-20 涵洞内部沉降观测点布置示意图

在涵顶填土过程中，高填方涵洞1-1、2-2、3-3和4-4断面所在节段沉降规律如图5-21～图5-24所示，当填土完成时，沿涵洞轴线方向涵体各测点规律沉降如图5-25所示。

由图5-21～图5-24可以看出，当填土高度较低时，涵体沉降随填土高度增长较快，当涵顶填土达到一定高度以后，随着填土高度的增长，涵体沉降增长相对减缓。

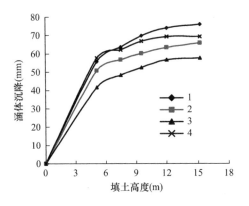

图5-21 1-1断面所在节段沉降曲线

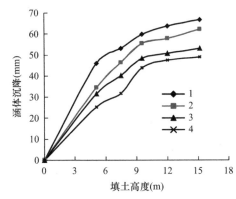

图5-22 2-2断面所在节段沉降曲线

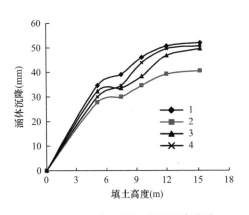

图5-23 3-3断面所在节段沉降曲线

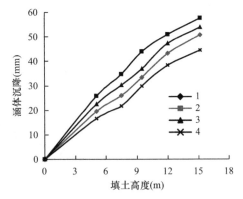

图5-24 4-4断面所在节段沉降曲线

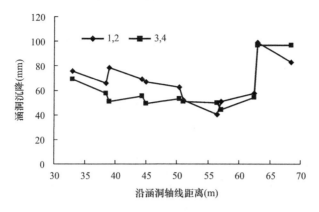

图 5-25 填土完成时基底的沉降

当涵顶填土以后，各断面所在涵洞节段将产生纵向和横向的不均匀沉降，随着填土高度的增加，涵洞沉降和不均匀沉降逐渐增大。涵体的差异沉降主要是由于涵洞到左右侧边坡距离的差异引起的，靠近边坡的一侧地基刚度相对较大，沉降较小；同时，距离沟谷边坡较近的一侧，由于边坡的摩擦与支承作用，减小了作用于该侧涵洞上方的土压力，因而沉降也有所减小。

由图 5-25 可以看出，距离涵洞出口附近节段沉降最大，在 1-1 和 2-2 断面涵洞横向差异沉降较大。沿涵洞轴线方向地基刚度存在差异引起涵体沉降出现纵向不均匀现象，当涵洞顶部填土完毕（填土高度为 15.2m）时，沿涵洞轴线最大差异沉降约为 58mm，各节段横向差异沉降最大值为 27mm。

5.4 本章小结

涵洞结构的受力状态和变形特性直接影响到涵洞结构的安全性和正常使用功能，为了明确加筋减载后高填方涵洞的工作性状，本章针对采用加筋减载处理后的高填方涵洞进行了现场试验，对涵顶土压力和涵体沉降的现场测试成果的分析表明：

（1）在涵顶加筋减载改变了涵洞上方的土压力分布，将原来集中于涵顶上方的荷载通过内外土柱之间的摩擦传递到涵顶两侧，使作用于涵顶上方的土压力向涵台外侧转移，从而减小了涵顶土压力，达到了减载的目的。

（2）减载孔上方铺设的格栅具有"提兜效应"，使涵顶上方土压力更加有效地转移至涵顶两侧，进一步减小涵顶土压力。此外，由于格栅具有加筋作用，铺设格栅可避免因松散填料长期变形引起路面的工后不均匀沉降。

（3）涵顶减载效果与减载孔高度密切相关，不同的减载孔高度对涵洞减载效果有较大的影响，减载孔高度越高，减载效果越明显。为取得较好的减载效果，可以考虑增大减载孔高度，但过高的减载孔高度又可能引起上部土柱体过大的沉降。因此，确定涵顶减载孔尺寸时，应综合考虑减载效率及其对路堤沉降的影响。

（4）涵洞距离两侧边坡不相等时，距离边坡较近一侧的土压力小于远离边坡一侧的土压力，可能引起涵洞结构不均匀沉降和涵洞结构受力不均，涵洞选址时应尽量考虑将涵洞设置于沟谷中心位置。

高填方涵洞采用加筋减载措施后，涵顶土压力随填土呈非线性增长的规律，也证实了加筋减载法的有效性，现场测试成果为高填方涵洞加筋减载的设计和土压力计算提供了试验依据。加筋减载法将涵顶土压力传递到涵台外，增加了涵台外的土压力，涵台外土压力的增加对涵洞受力的影响有待进一步研究。

第6章 高填方涵洞加筋减载的涵顶土压力计算

6.1 概述

高填方涵洞上覆填土荷载较大，涵顶土压力集中往往引起涵顶纵向开裂，成为高填方涵洞工程的典型病害。国内外许多学者对涵洞减载方法进行了研究，并取得了一定的成果。文献［60］对山区公路高填方涵洞加筋减载方法的设计理论进行了研究，对加筋措施中减载孔的尺寸、加筋的层数以及锚固区的宽度给出了理论计算方法。但是由于缺少定量计算减载后涵顶土压力的理论方法，涵洞采用加筋减载措施后的土压力难以定量计算，使得加筋减载措施未能得到广泛的应用。

本章对涵顶柔性填料上铺设格栅处理的加筋减载措施进行理论研究，以极限平衡理论为基础，通过理论计算模型的建立，同时考虑作用于格栅上、下表面的荷载，通过对格栅受力与变形的分析，得到了格栅锚固端拉力及采用加筋减载措施时涵顶土压力的理论计算方法，可为工程实践提供理论依据。

6.2 理论分析

6.2.1 计算模型

加筋减载法由涵顶松散填土（柔性填料）、土工格栅和周围密实填土三个主要部分构成。根据加筋减载原理，假设在未加格栅之前，松散填料的压实度较低，在其上填土后被压实，在压实过程中，涵顶上方内土柱土体下滑。格栅铺设以后，阻止了内土柱体的下滑，并使其处于极限平衡状态。内土柱下滑过程中，将受到重力、外土柱体对其向上剪力和压力、格栅支撑反力等力的作用，其在这些力系的作用下处于平衡状态。

根据上述假设，建立格栅减载的力学计算模型，如图 6-1 所示，图中 H_e 和 H 分别为格栅距等沉面的距离和格栅到路堤填土顶面的距离，涵顶松散土体宽度为 b，格栅的锚固长度为 l_a。

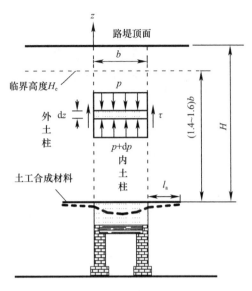

图 6-1 加筋减载计算模型

6.2.2 格栅上表面所受土压力计算

为便于进行理论分析，作以下假设：(1)涵洞沿轴线方向的长度远大于涵洞截面尺寸，计算时按照平面应变问题分析；(2)假设涵顶的填土与涵顶两侧的填土之间的作用面为竖直面；(3)涵顶上方内外土柱体之间的法向作用力满足朗肯土压力理论；(4)土工合成材料的重量忽略不计。由涵顶上部土柱体单元竖向受力平衡可得：

$$(p+\mathrm{d}p)b + 2[(\gamma z k_a - 2c\sqrt{k_a})\tan\varphi + c]\mathrm{d}z = pb + \gamma b \mathrm{d}z \quad (6\text{-}1)$$

式中 p——涵顶上部土柱体内部的土压力平均值（kPa）；

k_a——朗肯主动土压力系数，$k_a = \tan^2(45° - \varphi/2)$；

c——路堤填料黏聚力（kPa）；

φ——路堤填料内摩擦角（°）。

当 $H < H_e$ 时，求解式（6-1）可得：

$$p(z) = \gamma z - \gamma k_a \tan\varphi \cdot z^2/b - 2c(1 - 2\tan\varphi\sqrt{k_a})z/b \quad (6\text{-}2)$$

取 $z=H$，可得涵顶格栅上表面的土压力为：

$$p_{em} = \gamma H - \gamma k_a \tan\varphi \cdot H^2/b - 2c(1 - 2\tan\varphi\sqrt{k_a})H/b \quad (6\text{-}3)$$

对于无黏性土（$c=0$），涵顶格栅上表面的土压力为：

$$p_{em} = \gamma H - \gamma k_a \tan\varphi \cdot H^2/b \quad (6\text{-}4)$$

当 $H \geqslant H_e$ 时，求解式（6-3）可得：

$$p(z) = \gamma z - \gamma k_a \tan\varphi[z^2 - (H-h_e)^2]/b$$
$$\quad - 2c(1 - 2\tan\varphi\sqrt{k_a})(z - H + H_e)/b \quad (6\text{-}5)$$

取 $z=H_e$，可得涵顶格栅上表面的土压力为：

$$p_{em} = \gamma H - \gamma k_a \tan\varphi (2H - H_e) H_e/b - 2c(1 - 2\tan\varphi \sqrt{k_a}) H_e/b \quad (6\text{-}6)$$

对于无黏性土（$c=0$），涵顶上方格栅上表面的土压力为：

$$p_{em} = \gamma H - \gamma k_a \tan\varphi (2H - H_e) H_e/b \quad (6\text{-}7)$$

6.2.3 格栅变形及受力分析

由于在格栅发生向下挠曲的过程中，涵顶松散填料被压缩，涵顶两侧填土的支撑力逐渐增大，对格栅有一定的支承作用。为便于计算，假定涵顶填料对格栅的支反力为 P_s，土弹簧的刚度系数 k_s。影响 k_s 的因素较多，一般采用以下几种方法确定：①原位测试；②规范查表法；③理论计算法。周宏磊等基于大量的现场实测及室内土工试验，建立了 k_s 与土的压缩模量 E_s 的近似关系式，即 $k_s = nE_s$，其中 $n=(5\sim 6)$。

当不考虑松散填料的作用反力时，格栅的挠曲变形为悬链线，变形较小时，可以近似看作圆弧线[108]。本书考虑涵顶填料反作用力，计算时假设格栅的变形曲线为圆弧线。如图 6-2 所示，格栅中点为水平 x 轴与竖向 y 轴的坐标原点，变形后的格栅方程为：$y = \sqrt{r^2 - x^2} + \Delta s - r$（$-b/2 \leqslant x \leqslant b/2$，$r = \dfrac{b^2}{8\Delta s} + \dfrac{\Delta s}{2}$，$\Delta s$ 为格栅中点的挠度）。

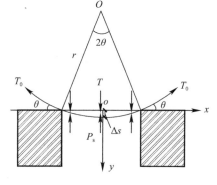

图 6-2 涵顶格栅计算图示

因此，涵顶松散填料作用于格栅下表面的支撑力为：

$$P_s = k_s \int_{-\frac{b}{2}}^{\frac{b}{2}} (\sqrt{r^2 - x^2} + \Delta s - r) dx$$

$$= k_s \left[\frac{b}{2} \sqrt{r^2 - \frac{b^2}{4}} + r^2 \arcsin\left(\frac{b}{2r}\right) + (\Delta s - r) b \right] \quad (6\text{-}8)$$

由格栅受力变形后的几何关系可得：

$$\sin\theta = \frac{4\Delta s/b}{1 + 4(\Delta s/b)^2} = \frac{b}{2r} \quad (6\text{-}9)$$

由于格栅竖向挠度相对涵洞宽度较小，即 $\Delta s \leqslant b$，$\theta = 2\alpha = 2\tan^{-1}\left(2\dfrac{\Delta s}{b}\right) \approx 4\dfrac{\Delta s}{b}$。由几何关系可得格栅轴向应变 ξ，

$$\xi = \frac{r \times 2\theta - b}{b} = \frac{r \times 2\theta - r \times 2\sin\theta}{r \times 2\sin\theta} = \frac{\theta - \sin\theta}{\sin\theta} = 4\left(\frac{\Delta s}{b}\right)^2 \quad (6\text{-}10)$$

设格栅在内外土柱交界处所需约束拉力（锚固力）为 T_0，由格栅竖向受力平衡可得：

$$P_s = p_{em}b - 2T_0\sin\theta \quad (6-11)$$

假设格栅在变形过程中一直处于线弹性变形阶段，应力应变关系服从虎克定律，单位宽度格栅的刚度为 EA（kN/m），轴向应变为：

$$\xi = T_0/bEA \quad (6-12)$$

联立式（6-10）和式（6-12）可得：

$$T_0 = \xi bEA = 4\left(\frac{\Delta s}{b}\right)^2 bEA = \frac{4EA\Delta s^2}{b} \quad (6-13)$$

将式（6-8）、式（6-9）和式（6-10）代入式（6-11）可得：

$$k_s\left[\frac{b}{2}\sqrt{r^2-\frac{b^2}{4}}+r^2\arcsin\left(\frac{b}{2r}\right)+(\Delta s-r)b\right]=bp_{em}-\frac{4EA}{r}\Delta s^2 \quad (6-14)$$

由于 $\Delta s \ll b$，$\arcsin\left(\frac{b}{2r}\right) \approx \frac{b}{2r}$，并将 $r=\frac{b^2}{8\Delta s}+\frac{\Delta s}{2}$ 代入式（6-15），可得：

$$(64EA+4bk_s)\Delta s^3 - 8bp_{em}\Delta s^2 + b^3k_s\Delta s - 2b^3p_{em} = 0 \quad (6-15)$$

式（6-15）是关于 Δs 的 3 次方程，将式（6-7）代入即可进行求解。

将 Δs 代入式（6-13）可得锚固拉力 T_0，进而可以通过拉拔试验参数确定筋土界面摩擦系数，进而确定格栅锚固区长度 l_a。在进行理论分析时，对锚固区内格栅与填料的界面强度按照极限摩阻力进行考虑：采用似摩擦原理，格栅与填料界面服从库仑破坏准则，$\tau_n = c_i + \sigma_n\tan\varphi_i$，似摩擦系数 $\mu = \tan\varphi_i = k\tan\varphi$，$c_i = kc$，$k$ 为格栅与土界面单元的界面作用系数。规定压应力为正，将格栅表面力向其中心线简化，并设其单位长度所受的切向力合力为 τ_n，法向力合力为 σ_n，则：

$$\tau_n = c_i + \sigma_n\mu = k(c + \sigma_n\tan\varphi) \quad (6-16)$$

$$l_a = T_0/\tau_n \quad (6-17)$$

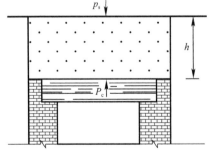

图 6-3 涵顶松散土体受力图示

6.2.4 涵顶土压力计算

要计算涵顶受力，对涵顶松散填料进行受力分析，如图 6-3 所示。由于内外土柱交界处格栅的挠度较小，且涵顶松散土体高度一般相对涵洞填土高度较小，在进行涵顶土压力计算时不考虑涵顶松散填料与外土柱之间的剪切作用，则：

$$P_c = P'_s + \gamma hb \quad (6-18)$$

式中，P'_s 为涵顶填料受到的土压力，与 P_s 互为作用力与反作用力，则作用于涵顶上的土压力平均值为：

$$p_c = p_s + \gamma h \tag{6-19}$$

其中，$p_s=P_s/b$；h 为松散填料高度。由式（6-19）即可算得到加筋减载后的涵顶土压力。

6.3 算例分析

6.3.1 算例一

以文献［60］中渝黔高速公路 K114+700 处的一道涵洞为例进行分析。该涵洞跨度为 3.5m，涵洞盖板厚度为 0.55m。涵洞最大填土高度填土为 17.85m，用于加筋减载试验。加筋采用含钢丝的土工格栅，加筋宽度为 30m，土工格栅刚度为 $EA=1700$kN/m，松散填料高度 h 为 1.0m，松散填土模量 $E_s=2$MPa。

采用表 6-1 中的相关计算参数，进行理论分析与有限元计算，计算结果见图 6-4。

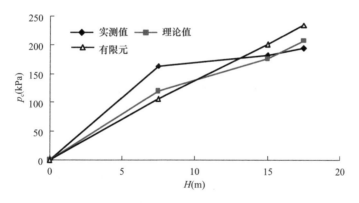

图 6-4 涵顶土压力随填土高度变化规律

由图 6-4 可以看出，有限元计算结果显示涵顶土压力接近线性变化，而本书理论计算结果与实测值呈一定的非线性。本书理论计算结果与文献［60］中现场实测涵顶土压力值具有较好的一致性，尤其是当填土高度较高时，理论计算结果与现场测试值更加接近，且与有限元计算结果相差不大。

6.3.2 算例二

将采用本章计算方法所得的计算结果与长（治）安（阳）高速公路 MHK42+059 涵洞 1-1 断面的现场实测结果绘制于图 6-5 中，1-1 断面的相关计算参数见图 6-5。

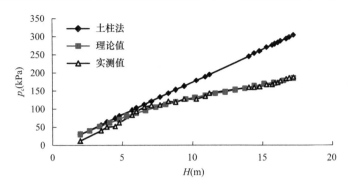

图 6-5 涵顶土压力随填土高度变化规律

由图 6-5 可以看出，本章提出的理论方法的计算结果与实测值呈一定的非线性。当填土较高时，《公路桥涵设计通用规范》JTG D60—2015 中的土柱法与测试结果相差较大。本书理论计算结果与现场实测所得的涵顶土压力值具有较好的一致性，尤其在填土较高时，理论计算结果与现场测试值更加接近。证明本书计算方法具有一定的适用性。

6.4 参数分析

对于不同路堤填土高度的情况，根据 6.2.2 中的分析来选择 p_{em} 的计算式，对于无黏性填料 $c=0$，文献 [106] 中指出等沉面的高度 $H_e=(1.4\sim1.6)b$，计算中取 $H_e=1.5b$，则格栅上表面作用的压力为：

$$p_{em} = \begin{cases} \gamma H - \gamma k_a \tan\varphi \cdot H^2/b & 0 < H/b < 1.5 \\ \gamma H - 1.5\gamma k_a \tan\varphi(2H - 1.5b) & 1.5 < H/b \end{cases} \quad (6\text{-}20)$$

假定减载孔高度 $h=1.0m$，减载孔宽度与涵洞外轮廓宽度相等，即 $b=3.5m$，格栅具有足够的延展性，在填土荷载作用下拉伸，但没有发生破坏，采用文献 [60] 中的计算参数进行讨论，计算涉及的具体计算参数见表 6-1。

计算参数 表 6-1

材料	E_s (MPa)	μ	γ (kg/m³)	c (kPa)	φ (°)
路堤填土	30	0.32	1800	—	20
松散填料	0.2	0.4	1600	—	18

6.4.1 填土高度

采用式（6-20）对作用于格栅顶部的土压力进行计算，计算得到的格栅上表面土压力随填土高度变化情况如图 6-6 所示。

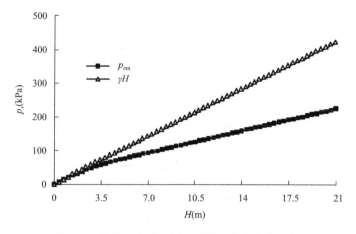

图 6-6　格栅上表面土压力随填土高度变化情况

由图 6-6 可以看出，涵顶铺设松散土体或柔性填料后，内土柱相对外土柱下滑，内外土柱之间的摩擦作用使填土对格栅的压力小于内土柱重量 γH。当填土高度较低（约 $1b$ 以下）时，作用于格栅上表面的土压力接近土柱的自重。随着填土高度的增加（约 $1.5b$ 以上），在内外土柱体之间的摩擦作用下，出现"卸荷效应"。填土越高，卸荷拱效应越显著，最终作用于格栅上表面的压力趋于土柱自重压力的一半。

6.4.2　松散填料的模量

当格栅刚度 $EA=2000\mathrm{kN/m}$ 时，对不同模量的松散填料，格栅的挠度 Δs 及松散土体顶部压力 p_s 随填土高度的变化规律如图 6-7 和图 6-8 所示。

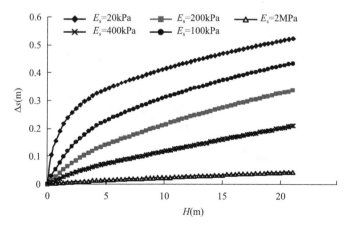

图 6-7　格栅挠度随填土高度变化规律

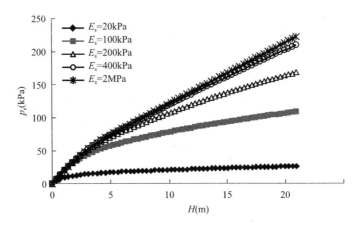

图 6-8　不同模量松散填料的顶部压力随填土高度变化规律

由图 6-7 和图 6-8 可以看出，松散填料的模量对格栅挠度有较大的影响。松散填料模量较大时，格栅挠度较小，格栅变形不充分，格栅抗拉强度不能充分发挥，不利于对涵顶减载作用的发挥。松散填料模量较小时，格栅挠度较大，对涵顶减载作用较大，由前述分析可知，过大的变形量可能引起格栅的断裂或者锚固长度的增加。根据本书计算结果，初步建议松散填料模量控制在 0.1~0.4MPa，实际工程中可以通过采用换填柔性材料或控制填土密实度进行控制。

6.4.3　格栅刚度

当松散填料模量 $E_s=0.2$MPa 时，采用不同刚度的土工格栅进行减载处理，顶部压力随填土高度的变化规律如图 6-9 所示。

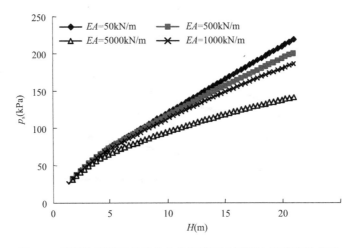

图 6-9　不同格栅刚度的松散土体顶部压力随填土高度变化规律

由图 6-9 可以看出，随着格栅刚度的增大，涵顶土压力减小，格栅刚度较低（$EA<1000\mathrm{kN/m}$）时，格栅刚度的改变对涵顶土压力的影响不显著，当格栅刚度增大到一定程度，如 $EA=5000\mathrm{kN/m}$ 时，涵顶土压力有较大幅度的减小，比不加格栅时减小约 40%。因此，在涵顶铺设高强度土工格栅，甚至钢筋网，对减小涵顶土压力具有积极的作用。

6.5 本章小结

本章在考虑涵洞-填土共同作用机理的基础上，通过理论分析建立了加筋减载涵洞的力学计算模型，考虑格栅下部填料的支撑作用，对格栅受力与变形进行分析，推导了格栅在填土荷载作用下的挠度计算式，得到了涵顶土压力的计算表达式。依据本书理论计算方法，对涵顶填土高度、松散填料模量和格栅刚度等影响涵顶土压力的主要影响因素进行了参数分析，结果表明：

（1）在涵顶松散填料上加铺格栅进行减载，可以更加有效地减小涵顶土压力，避免因松散填料压实度不够而引起的路面工后不均匀沉降。本章土压力计算方法与有限元结果及现场测试结果较为接近，尤其是填方较高时本书方法计算结果更加准确。

（2）松散填料模量对涵顶土压力影响较大，综合考虑减载效果与涵顶填土沉降，建议松散填料模量控制在 0.1~0.4MPa，实际工程中可以通过采用换填柔性材料或控制填土密实度来进行控制。

（3）当格栅刚度较大时，刚度的变化对进一步减小涵顶土压力的作用较显著。当格栅刚度增大到一定程度，如 $EA=5000\mathrm{kN/m}$ 时，涵顶土压力有较大幅度减小，比不加格栅时减小约 40%。

依据本章计算理论，在工程应用中可根据减载目标控制松散填料的模量和选择适宜刚度的格栅进行高填方涵顶的加筋减载。

第7章 高填方涵洞新型格栅减载的数值模拟分析

7.1 概述

影响高填方涵洞加筋减载效果的因素很多,包括减载孔高度、减载孔填料模量、减载孔形状、格栅层数、格栅刚度、填土性质以及各种边界条件。由于试验条件和经费的限制,不可能对各种影响高填方涵洞土压力和减载效果的因素都进行试验测试和对比。为了分析各种工况条件下高填方涵洞加筋减载的效果及影响因素,本章在试验的基础上,用数值方法研究了不同格栅层数、不同减载孔宽度、不同减载孔填料参数等条件下的高填方涵洞的土压力变化规律,分析了高填方涵洞加筋减载的机理和影响加筋减载效果的因素,为确定合理的高填方涵洞加筋减载设计参数提供依据。

7.2 计算模型选取

计算模型包括几何模型与材料模型,模型选用得当与否,会直接影响到计算结果的精度以及能否反映真实的受力情况。材料模型在第2.3.2节已有介绍,不再赘述。

7.2.1 数值模拟几何模型

根据长平高速公路桩号为MHK42+059处的高填方混凝土拱涵路段建立模型,如图7-1所示。对涵洞结构断面进行简化处理,涵洞结构高度为6.0m,净宽为$b=3.0$m,最大填土高度为17m,基底平面沟谷宽度为31.6m,涵洞轴线距

图7-1 数值模拟几何示意图

离左侧边坡为 10.6m，边坡坡角接近 90°，涵洞右侧距离边坡约为 21m，边坡坡角接近 90°。

7.2.2 数值模拟物理力学参数

数值模拟中各材料所采用的物理力学参数由现场原位测试和室内土工试验得到，见表 7-1。

数值模拟计算参数　　　　　　　　　表 7-1

土类	E (MPa)	γ (kN/m³)	μ	c (kPa)	φ (°)
粉质黏土	5.2	17.2	0.33	14.2	18.3
粉土	7.8	17.8	0.33	7.6	19.7
砂卵石层	30	20.1	0.3	0	28.6
黏土	24.1	18.3	0.3	15.7	21
路堤填土	18	19	0.3	16.8	24.6
松散填料	2	14.8	0.36	0	28

注：格栅轴向拉伸刚度 $EA=1200$kN/m。

在数值模拟时，将包含涵洞的高填路段断面都按平面应变问题分析，采用 15 节点平面三角形单元进行网格划分，模型左右两侧采用水平约束，底面采用固定约束模拟基岩。同时考虑涵洞、填土、边坡等不同材料间的摩擦作用，在其接触面上使用接触单元。涵洞及其基础采用理想线弹性模型。地基土、边坡土和填土都是散体材料，此类材料抗压强度远大于其抗拉强度，且材料受剪时颗粒会膨胀，因此，采用服从莫尔-库仑屈服准则的理想弹塑性模型。考虑不同材料之间的界面相互作用时，在相邻材料接触面处使用接触单元。

7.3　数值模拟结果

7.3.1　不同涵洞断面

采用数值模拟分析不同断面涵顶土压力，并将数值模拟结果与现行的《公路桥涵设计通用规范》JTG D60—2015 中线性土压力理论的计算结果进行对比。不同断面减载孔高度不同，1-1 断面减载孔高度为 2.0m，2-2 断面为 1.5m，3-3 断面为 1.0m，4-4 断面为 0.5m。涵顶填土分层填筑模拟施工过程，不同断面涵顶土压力如图 7-2 所示。

由图 7-2 可以看出，随着填土高度的增加，涵顶土压力增大。采用了加筋减载措施的涵洞，涵顶土压力小于按照规范中线性土压力的计算值，因此在采用加筋减载措施以后，可以按照现行规范中线性土压力计算理论进行涵顶土压力计算,线性理论计算所得结果略有富余,大于涵顶土压力的部分可当作安全储备。

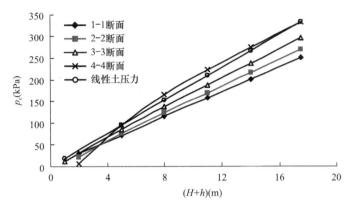

图 7-2 1-1 断面涵顶土压力

由图 7-2 还可以看出,当涵顶填土高度小于 5m 时,涵顶土压力增长较快,当涵顶填土高度大于 5m 以后,涵顶土压力以一个较小斜率随填土高度的增加而增大。当填土高度较高时,涵顶土压力随着减载孔高度的增加而减小,尤其当减载孔高度大于 1m 以后,涵顶土压力与线性土压力相比减小较多,减载效果良好。

7.3.2 格栅层数的影响

如图 7-3 所示,采用 1-1 断面截面尺寸建立几何模型,减载孔宽度与涵洞等宽,高度为 2.0m。减载孔上方布置 4 层格栅,最下层格栅铺设于减载孔顶面,与涵顶相距 2.0m,格栅间距为 0.5m。在模拟不同格栅层数时,分别自下而上激活相应层数的格栅来进行模拟。

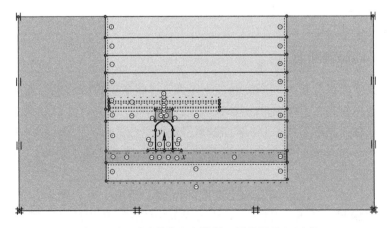

图 7-3 涵顶减载孔上方铺设 4 层格栅几何示意

对于1-1断面，减载孔宽度为3.0m，减载孔高度为2.0m，不同格栅层数时的涵顶土压力见表7-2。

不同格栅层数涵洞涵顶土压力　　　　表7-2

填土高度（m）	涵顶土压力（kPa）			
	1层格栅	2层格栅	3层格栅	4层格栅
2.0	30.73	30.73	30.73	30.74
5.0	70.00	75.79	74.60	74.60
8.0	115.60	117.90	115.50	115.50
11.0	156.96	159.32	156.30	156.20
14.0	200.14	202.52	198.63	198.30
17.0	250.60	252.28	248.20	247.70

由表7-2中数据可以看出，对1-1断面而言，随着格栅层数的增加，涵顶土压力变化不大。增加格栅层数并不能更有效地减小涵顶土压力，多层格栅的设置会使格栅受力状态有所改变，图7-4、图7-5和图7-6所示分别为铺设4层、3层和2层格栅时格栅的轴向拉力与沉降。

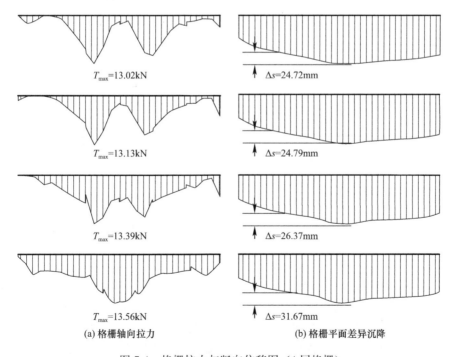

(a) 格栅轴向拉力　　　　　　　(b) 格栅平面差异沉降

图7-4　格栅拉力与竖向位移图（4层格栅）

由图7-4可以看出，涵顶最下层格栅的差异沉降最大，为31.67mm，最下层格栅的轴向最大拉力为13.56kN。最下层格栅在减载孔轴线位置处拉力最大，而上3层格栅在减载孔边缘位置处拉力最大。

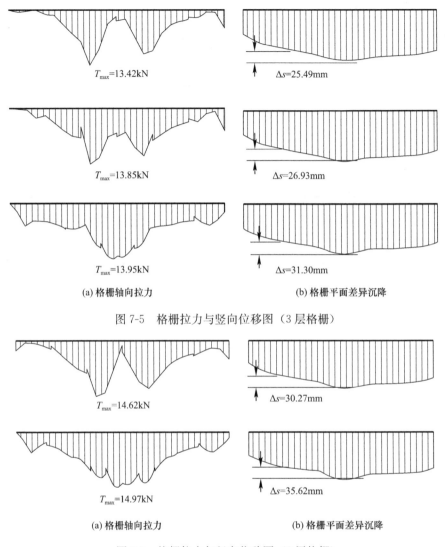

(a) 格栅轴向拉力　　　　　　　(b) 格栅平面差异沉降

图 7-5　格栅拉力与竖向位移图（3 层格栅）

(a) 格栅轴向拉力　　　　　　　(b) 格栅平面差异沉降

图 7-6　格栅拉力与竖向位移图（2 层格栅）

"杀死"减载孔上方最上层格栅来模拟 3 层格栅情况，由图 7-5 可以看出，涵顶最下层格栅的差异沉降最大，为 31.30mm，与 4 层格栅时相比相差不大，最下层格栅的轴向最大拉力为 13.95kN，比 4 层格栅时轴向拉力略大。同样，最下层格栅在减载孔轴线附近拉力最大，而上 2 层格栅在减载孔边缘位置处拉力最大。

"杀死"最上方 2 层格栅，来模拟两层格栅情况。由图 7-6 可以看出，涵顶最下层格栅的差异沉降最大，为 35.62mm，大于 3 层、4 层格栅时的最大沉降。最下层格栅的轴向最大拉力为 14.97kN，比 4 层格栅时的拉力增大了 8.6%。最下层格栅在减载孔轴线位置处拉力最大,而上层格栅在减载孔边缘位置处拉力最大。因此,在格栅强度满足要求时,较少层数的格栅也可以取得较好的沉降控制效果,工程中可以采用具有较高强度的单层格栅铺设于减载孔顶部。

7.3.3 减载孔宽度的影响

采用 1-1 断面进行数值模拟分析,减载孔上方铺设一层三向土工格栅,涵洞减载孔高度为 2.0m,不同减载孔宽度时的涵顶土压力如图 7-7 所示(减载孔沿涵洞轴线对称布置)。

由图 7-7 可以看出,随着减载孔宽度的增加,涵顶土压力逐渐增大,当填土高度较低时,如小于 5m 时,采用不同宽度的减载孔的涵洞,涵顶土压力相差不大。当填土高度较高,如高于 10m 时,随减载孔宽度增大,涵顶土压力差异逐渐增大。采用与涵洞等宽的减载孔进行处理时,涵洞拱顶的压力最小。

减载孔与涵洞等宽时,涵体弯矩分布规律如图 7-8 所示。由图 7-8 可以看出,此时涵顶弯矩分布不规则。当减载孔宽度不同时,在不同填土高度条件下的涵体最大弯矩值列于表 7-3 中。

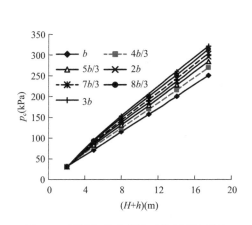

图 7-7 不同宽度减载孔时的涵顶土压力

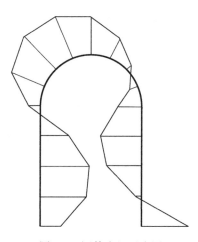

图 7-8 涵体弯矩示意图

由图 7-8 可以看出,此时涵顶受力分布不均匀,涵体弯矩比相对于减载孔宽度为大于 b 时为大,不同填土高度时涵体的最大弯矩列于表 7-3 中。

涵体最大弯矩 (kN·m)　　　　　　　　表 7-3

填土高度(m)	减载孔宽度						
	b	$4b/3$	$5b/3$	$2b$	$7b/3$	$8b/3$	$3b$
8.0	195.89	194.16	191.72	188.52	185.14	182.34	179.75
11.0	212.82	210.64	208.62	205.07	201.40	196.88	192.98

续表

填土高度（m）	减载孔宽度						
	b	$4b/3$	$5b/3$	$2b$	$7b/3$	$8b/3$	$3b$
14.0	228.22	226.80	223.42	218.83	213.71	208.42	203.47
17.0	241.50	241.00	238.27	232.41	226.70	220.16	214.52

由表 7-3 中数据可以看出，随着填土高度的增加，涵体所受荷载增大，涵体的最大弯矩增大。减载孔宽度不同时，涵洞的弯矩不同。减载孔宽度越宽，涵体受力相对越均匀，涵洞最大弯矩相对越小。总的来看，随着减载孔宽度的增加，涵体弯矩减小量较为有限，当减载孔宽度增大到 $3b$ 时，涵体弯矩减小约 11%。在设计时可综合考虑涵洞的受力状态与减载孔设置的经济性来确定涵顶减载孔的宽度，初步建议上埋式涵洞或涵洞距离左右边坡距离相差不大时，减载孔宽度取 1.0～1.5 倍的涵洞宽度。

7.3.4 减载孔边坡角度的影响

为分析减载孔截面形状对减载效果的影响，保持减载孔高度 2.0m 和底面宽度 3.0m 不变，改变减载孔两侧坡脚，进行数值模拟分析，涵顶竖向土压力如图 7-9 所示。

如图 7-9 所示，涵顶竖向土压力随着路堤填土高度的增加而增大，且随着减载孔坡角的增大，涵顶竖向土压力减小，当减载孔两侧坡角为 90°时，涵顶竖向土压力最小，因此，减载孔宜竖直开挖。

7.3.5 减载孔填料模量的影响

减载孔中采用不同模量的松散填料时，涵顶土压力随填土高度的变化规律如图 7-10 所示。

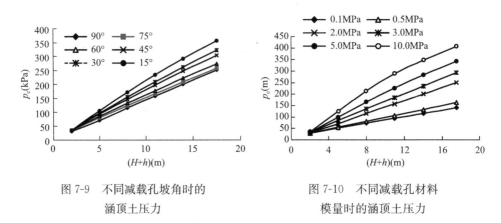

图 7-9 不同减载孔坡角时的涵顶土压力

图 7-10 不同减载孔材料模量时的涵顶土压力

由图 7-10 可以看出，涵顶减载孔填料模量对涵顶土压力有较大的影响。当减载孔填料模量小于 0.5MPa 时，减载效果明显，涵顶土压力较小，此时进一步减小减载孔填料模量对涵顶减荷作用不明显。当减载孔模量大于 2.0MPa 以后，随着减载孔填料模量的增加，涵顶土压力逐渐增大，当减载孔模量大于 5.0MPa 以后，加筋减载的效果较弱。

在进行减载孔材料选取时，首先要考虑减载孔填料的模量，为获得较好的减载效果，需要回填模量较小的填料。但减载孔填料模量不宜过低，一方面，填料模量小于一定的值以后，进一步减小减载孔填料模量对涵顶减荷作用不明显。另一方面，过低的减载孔填料模量往往引起减载孔上方格栅的较大挠度，长期路堤荷载作用下可能会产生较大的蠕变。

7.3.6 减载孔填料内摩擦角的影响

对减载孔回填不同内摩擦角填料分别进行模拟，得到涵顶土压力随填土高度的变化规律如图 7-11 所示。

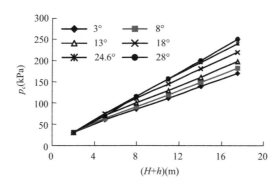

图 7-11 不同减载孔填料内摩擦角时的涵顶土压力

减载孔填料内摩擦角 28°～43°时的涵顶土压力列于表 7-4 中。

不同减载孔填料内摩擦角时的涵顶土压力（kPa）　　表 7-4

填土高度（m）	减载孔填料内摩擦角			
	43°	38°	33°	28°
2.0	30.57	30.66	30.71	30.73
5.0	74.41	74.48	74.53	70.00
8.0	115.37	115.50	115.60	115.60
11.0	156.61	156.77	156.89	156.96
14.0	199.81	199.97	200.08	200.14
17.0	250.30	250.45	250.56	250.60

由图 7-11 和表 7-4 可以看出，涵顶减载孔填料的内摩擦角对涵顶土压力有一定的影响。当减载孔填料的内摩擦角小于两侧路堤填土内摩擦角（24.6°）时，减载效果明显，涵顶土压力较小，此时进一步减小减载孔填料内摩擦角对涵顶减荷作用不明显。当减载孔的内摩擦角大于两侧路堤填土内摩擦角（24.6°）以后，随着减载孔填料内摩擦角的增加，涵顶土压力变化不大。因此，在进行减载孔材料选取时，应当考虑减载孔填料的内摩擦角，为获得较好的减载效果，需要填筑内摩擦角较小的填料。初步建议减载孔填料内摩擦角宜小于减载孔两侧路堤填料的内摩擦角。

7.3.7 减载孔填料黏聚力的影响

不同减载孔填料黏聚力时的涵顶土压力见表 7-5。

减载孔填料不同黏聚力对涵顶土压力的影响（kPa）　　　表 7-5

填土高度（m）	减载孔填料黏聚力（kPa）						
	0	5	10	15	20	30	50
2.0	30.7	30.3	30.3	30.3	30.3	30.3	30.3
5.0	70.0	74.2	74.2	74.2	74.2	74.2	74.2
8.0	115.6	115.0	115.0	115.0	115.0	115.0	115.0
11.0	157.0	156.2	156.2	156.2	156.2	156.2	156.2
14.0	200.1	199.4	199.4	199.4	199.4	199.4	199.4
17.0	250.6	249.7	249.7	249.9	249.9	249.9	249.9

由表 7-5 可以看出，涵顶减载孔填料的黏聚力对涵顶土压力影响较小。不同黏聚力时的涵顶土压力基本相同。因此，砂土、粉土、黏性土等材料均可考虑作为减载孔回填材料。由于减载孔填料黏聚力对涵顶土压力影响很小，因此在理论分析时也可不考虑其对涵顶土压力的影响。

7.4 本章小结

本章通过数值模拟探讨了不同格栅层数、不同减载孔宽度和高度以及不同减载孔填料性质对高填方涵洞涵顶土压力的影响，分析了不同条件下高填方涵洞加筋减载的效果。数值模拟结果表明：

（1）在相同格栅加筋层数条件下，减载孔对加筋减载效果具有决定作用，在涵洞上方设置减载孔后，由于格栅与减载孔的作用，通过土柱体之间的摩擦及格栅的加筋将作用于涵顶的土压力有效地传递到涵台外两侧的土体上，使涵台外土压力增加，涵顶土压力显著减小，达到了良好的减载效果。

（2）在相同的格栅减载加筋布置条件下，加筋层数越多，减载效果越好。当格栅强度较高且刚度较大时，多层格栅与单层格栅相比，减载效果提高不明显。

（3）减载孔高度对加筋减载效果具有一定影响，在相同条件下，减载孔高度较大的涵顶土压力相对较小，但根据加筋减载机理，最终决定格栅下挠量大小和加筋减载效果的是减载孔内的土体的压缩量。

（4）减载孔柔性填料的黏聚力对涵顶土压力影响不大，而填料的内摩擦角对涵顶土压力有较大的影响，在进行减载孔材料选取时，应当考虑减载孔填料的内摩擦角，为获得较好的减载效果，需要填筑内摩擦角较小的填料。

第8章 结论及建议

本书针对高速公路高填方涵洞受力及变形特性、设计施工中的若干问题、新型土工格栅的特点，利用现场试验、理论分析和数值模拟等手段，对高填方涵洞受力特性及三向土工格栅加筋减载方法进行了研究，得到以下主要结论：

（1）低填方涵洞采用整体式基础与分离式基础受力与位移相差不大，在均质地基条件下，采用分离式基础较为经济。高填方构造物采用整体式基础得到的修正后地基承载力比分离式基础高，且沉降小，高填方涵洞基础选型时宜采用整体式基础。半软半硬或者存在偏载作用的涵洞采用分离式基础拱角会产生较整体式基础更大的弯矩，拱圈受力不合理；分离式基础整体性较差，左右基础会发生比较大的差异沉降，涵顶拱圈会出现拉应力，采用整体式基础涵体受力与变形状况较为合理。

（2）对于承载力较高的均质地基，当涵顶填土高度较低（小于10m）时，盖板涵涵体与涵顶土压力分布虽然没有拱涵优越，但是盖板涵受力与变形仍较易满足设计要求，其施工相对简单，造价较低，应优先考虑采用盖板涵。当涵顶填土高度较大（大于10m）时，盖板涵顶板和基底弯矩较大，拱涵受力以轴力为主，受力更为合理，涵体结构宜优先考虑采用拱涵。半软半硬地基和存在偏载效应的地形设涵时，盖板涵翼墙底角处弯矩较大，不宜选用盖板涵。拱涵整体性较好，受力与变形较为合理，应优先考虑使用拱涵。

（3）随填土高度增加，涵顶土压力呈非线性增长。涵顶的竖向土压力大于涵顶上覆土体的自重压力，现场试验结果比现行《公路桥涵设计通用规范》JTG D60—2015计算结果大30%左右。

（4）沟谷对涵体位移和涵顶土压力有一定的影响。涵顶土压力、涵体沉降和涵顶平面的差异沉降均随着沟谷宽度的增大呈非线性增大，当沟谷宽度大于3倍涵洞宽度时，涵顶土压力和涵顶平面的沉降及差异沉降趋于稳定。

涵洞到左右边坡距离不等时，距离沟谷边坡较近的一侧，涵顶外的土压力较小，这主要是由于岸坡与涵顶上部土柱体的摩阻力共同作用的结果。

涵顶土压力随沟谷岸坡坡角的增大而波动，当坡角为15°~30°时，涵顶土压力变化较快，且具有较小值。当坡角为0°~15°和75°~90°时，涵体位移较小，当坡角为30°~60°时，涵体位移较大。

（5）涵洞地基模量及处理范围对涵洞受力有较大的影响。涵洞地基模量越高，涵体和涵顶平面差异沉降越小，涵顶土压力集中程度越高。当对涵洞进行地基处理时,在满足地基承载力要求的基础上,应尽可能地使用柔性的地基处理方法,这样既可以降低地基处理的成本,又可以达到减小涵顶土压力的目的,并且地基处理的宽度应延伸至基底以外一定的范围,这样可以有效地降低涵顶土压力集中程度。

(6) 路堤填料性质是影响涵体位移和土压力的又一重要因素。随着路堤填土模量的增加,涵体沉降快速减小并趋于稳定,涵顶土压力快速增大并趋于稳定。涵顶土压力随填土内摩擦角和黏聚力的增大而略有减小。与填土模量相比,内摩擦角和黏聚力对涵顶土压力和涵体位移的影响要小很多。

(7) 涵体及基础的结构形式及尺寸也直接影响涵体的受力状态。在对称沟谷中心设涵,涵洞的基础相当于深埋基础,壳体基础并不具有显著的优越性。填土不高(小于 9m)时,分离式基础比整体式基础具有更好的经济性,分离式基础的较大沉降在一定程度上缓解了涵顶土压力集中现象,涵体受力也更加合理。

一般情况下,宜采用宽断面与矮断面涵洞,"宽矮涵"比"窄高涵"的涵顶平面差异沉降要小,涵顶土压力也要小。

拱圈弧度对涵体沉降和涵顶土压力影响较小,拱圈弧度改变时涵体位移基本不变,涵顶竖向土压力会有小的变化,当拱圈弧度较小时,在填土荷载作用下拱圈产生较大的挠度,具有一定的卸荷作用。

(8) 在不影响路面沉降以及路堤稳定性的情况下,可在涵顶上方一定的高度范围内采用中松侧实法或柔性填料法来对涵顶平面的不均匀沉降进行调整,降低涵顶的土压力集中程度,提高涵洞结构的安全性。对涵洞采用先填后挖的措施能够减小涵顶土压力的集中程度,在采用此种方法时开挖面宜竖直,且开挖的宽度宜与涵洞的宽度相当。

(9) 在涵顶采用加筋减载改变了涵洞上方的土压力分布,将原来集中于涵洞上方的荷载通过内外土柱之间的摩擦传递到涵顶两侧,使作用于涵顶上方的土压力向涵台外侧转移,从而减小了涵顶的土压力,达到减载的目的。减载孔上方铺设的格栅具有"提兜效应",使涵顶上方土压力更加有效地转移至涵顶两侧,进一步减小了涵顶土压力。此外,由于格栅具有加筋作用,铺设格栅可避免因松散填料长期变形引起的路面工后不均匀沉降。

(10) 涵顶减载效果与减载孔高度及减载孔中填料的模量密切相关。不同的减载孔高度对涵洞减载效果有较大的影响,减载孔高度越高,减载效果越明显。为取得较好的减载效果,可以考虑增大减载孔高度,但过高的减载孔高度又可能引起上部土柱体过大的沉降。

松散填料模量对涵顶土压力影响较大,综合考虑减载效果与涵顶填土沉降,建议松散填料模量控制在 0.1~0.4MPa,实际工程中可以通过采用换填柔性材料或控制填土密实度进行控制。

根据加筋减载机理，最终决定格栅挠度大小和加筋减载效果的是减载孔内的土体的压缩量。确定涵顶减载孔尺寸时，应根据减载要求，合理选取填料模量与减载孔高度。

减载孔柔性填料的黏聚力对涵顶土压力影响不大，而填料的内摩擦角对涵顶土压力有较大的影响，在进行减载孔材料选取时，应当考虑减载孔填料的内摩擦角，为获得较好的减载效果，需要填筑内摩擦角较小的填料。

（11）格栅刚度较大时，刚度的变化对进一步减小涵顶土压力的作用较为显著。在相同的格栅减载加筋布置条件下，加筋层数越多，减载效果越好。当格栅强度较高且刚度较大时，多层格栅与单层格栅相比对减载效果的提高不明显。

高填方涵洞土压力的确定及减载措施的选取一直是国内外学者关注的焦点，但是由于此问题的特殊性和复杂性，现有的分析方法和设计计算理论尚不够系统和完善。本书对高填方涵洞的受力特性和加筋减载措施进行了部分相关研究，但仍存在一些问题需要进一步思考。

（1）涵顶土压力计算时，内外土柱体之间采用了竖直的剪切面，剪切面水平土压力采用朗肯主动土压力假设，考虑实际剪切面形状以及剪切面水平土压力状态的理论计算方法有待进一步研究。

（2）加筋减载法将涵顶土压力传递到了涵台外，增加了涵台外的土压力，涵台外土压力的增加对涵洞侧墙受力的影响有待进一步研究。涵洞构件内力状态及侧墙的稳定性有待于进一步研究。

（3）当涵顶填土高度较小时，车辆动荷载对涵洞结构的受力状态的影响有待进一步研究；高填方涵洞作为深埋结构，在地震荷载作用下的受力状态与位移趋势有待于进一步研究。

参 考 文 献

[1] 郑俊杰，陈保国，张世飙，等. 沟埋式涵洞非线性土压力试验研究与数值模拟[J]. 岩土工程学报，2008，30(12)：1771-1777.

[2] 陈保国. 山区高速公路涵-土作用机制及路基处理研究[D]. 武汉：华中科技大学，2008.

[3] 马强，郑俊杰，张军. 山区涵洞受力影响因素的数值模拟分析[J]. 合肥工业大学学报（自然科学版），2009，32(10)：1514-1517，21.

[4] 杨锡武. 高填方涵洞土压力变化规律与影响因素的数值模拟研究[J]. 重庆交通学院学报，2005，24(5)：42-46，52.

[5] 杨锡武，张永兴. 山区公路高填方涵洞减载方法及试验研究[J]. 土木工程学报，2005，37(7)：116-121.

[6] ROBERT M K. Emerging and future developments of selected geosynthetic applications[J]. Journal of Geotechnical and Geoenvironmental Engineering，2000，126(4)：293-306.

[7] 黄晓明，朱湘. 公路土工合成材料应用原理[M]. 北京：人民交通出版社，2001.

[8] 周志刚，郑健龙. 公路土工合成材料设计原理及工程应用[M]. 北京：人民交通出版社，2001.

[9] 车宏亚. 涵洞和水管结构设计[M]. 北京：水利电力出版社，1958.

[10] 顾克明，苏清洪，赵嘉行. 公路桥涵设计手册：涵洞[M]. 北京：人民交通出版社，1997.

[11] MARSTON A，ANDERSON A O. The theory of loads on pipes in ditches and tests of cement and clay drain tile and sewer pipes[C]. Bulletin No. 31. Ames：Iowa Engineering Experiment Station，1913：44-76.

[12] SPANGLER M G. Underground conduits：An appraisal of modern research[J]. Transportations of ASCE，1948，74(5)：316-345.

[13] SPANGLER M G. Stresses in pressure pipelines and protective pipe supporting earth loads and live loads[C]//In：Proceedings of the ASTM，New York，1957：1259-1272.

[14] SPANGLER M G. A theory on loads on negative projecting conduits[R]. Highway Research Board，1950，30：153-161.

[15] VOELMY A. Embedded pipes. Kasten H L. Zürich：Gebs. Leeman &·Co，1937.

[16] К. КПЕЙН. 地下管计算[M]. 北京：建筑工程出版社，1957.

[17] 曾国熙. 土坝下涵管竖向土压力的计算[J]. 浙江大学学报，1960，2(1)：79-97.

[18] PRUSKA M L. 刚性涵洞上的土压力计算[M]. 北京：水利水电出版社，1951.

[19] 顾安全. 上埋式管道垂直土压力的研究[D]. 西安：陕西工业大学，1963.

参考文献

[20] HÖEG K. Stresses against underground structural cylinders[J]. Journal of Soil Mechanics and Foundation, 1968, 94(4): 833-858.

[21] DASGUPTA A, SENGUPTA B. Large-scale model test on square box culvert backfiled with sand[J]. Journal of Geotechnical Engineering, 1991, 117(1): 156-161.

[22] BENNETT R M, WOOD S M, DRUMM E C, et al. Vertical loads on concrete box culverts under high embankments[J]. Journal of Bridge Engineering, 2005, 10(6): 643-649.

[23] SONG D, CHEN B, KHAN A. Analytical solution of the vertical earth pressure on load-shedding culvert under high fill[J]. Computers and Geotechnics, 2020, 122: 103495.

[24] PENMAN A D M, CHARLES J A, NASH J K, et al. Performance of culvert under Winscar dam[J]. Géotechnique, 1975, 25(4): 713-730.

[25] 折学森, 顾安全. 沟谷地形中埋设管道的土压力研究[J]. 西安公路学院学报, 1989, 7(4): 33-39.

[26] 杨锡武, 张永兴. 公路高填方涵洞土压力变化规律及计算方法研究[J]. 土木工程学报, 2005, 38(9): 119-124.

[27] 杨锡武, 张永兴. 山区公路高填方涵洞的成拱效应及土压力计算理论研究[J]. 岩石力学与工程学报, 2005, 24(21): 3887-3893.

[28] 程海涛, 柳学花. 涵-土性状离心模型试验研究[J]. 路基工程, 2008, (2): 42-44.

[29] 翁效林, 谢永利. 高填方碎散体填土成拱效应离心模型[J]. 长安大学学报(自然科学版), 2008, 28(2): 31-35.

[30] 李永刚, 李珠, 张善元. 矩形沟埋涵洞顶部垂直土压力[J]. 工程力学, 2008, 25(1): 155-160.

[31] 李永刚, 张善元. 矩形沟埋涵洞顶部垂直土压力试验和理论研究[J]. 岩土力学, 2008, 29(4): 1081-1086.

[32] 李永刚, 孙建生. 土坝下软基涵洞施工力学分析[J]. 岩土力学, 2001, 22(4): 436-439.

[33] 邓国华, 邵生俊. 填埋式涵洞上覆土压力的有限元分析[J]. 岩石力学与工程学报, 2004, 23(S1): 4356-4360.

[34] KIM K, CHAI H Y. Design loading on deeply buried box culverts[J]. Journal of Geotechnical and Geoenvironmental Engineering, 2005, 131(1): 20-27.

[35] MARSTON A. The theory of external loads on closed conduits in the light of the latest experiments[C]// Highway Research Board Proceedings. Highway Research Board, Washington D.C., 1930, 138-170.

[36] LARSEN N G, HENDRICKSON J G. A practical method for construction rigid conduits under high fills[C]// Highway Research Board Proceedings. Highway Research Board, Washington D.C., 1962, 273-280.

[37] TAYLOR R K, SPANGLER M J. Induced-trench method of culvert installation[C]. Highway Research Board Proceedings. Highway Research Board. Washington D.C.,

1973,15-31.

[38] 顾安全. 上埋式管道及洞室垂直土压力的研究[J]. 岩土工程学报,1981,3(1):3-15.

[39] SPANGLER M J, HANDY R L. Soil engineering (4th edition)[M]. New York: Harper&Row Publishers, 1982.

[40] SLADEN J A, OSWELL J M. The induced trench method-a critical review and case history[J]. Canadian Geotechnical Journal, 25: 541-549.

[41] STONE K T L, HENSLEY P J, TAYLOR R N. A centrifuge study of rectangular box culverts[C]//In: Proceedings of the International Conference Centrifuge 1991, Boulder, Colorado: Balkema, 1991: 107-112.

[42] OKABAYASHI K, OHTANI W, AKIYAMA K, et al. Centrifugal model test for reducing the earth pressure on the culvert by using the flexible material[C]//In: Proceedings of the 4th International Offshore and Polar Engineering Conference. Osaka, Japan: International Society of Offshore and Polar Engineers (ISOPE), Golden, 1994: 620-624.

[43] HANSEN P, MILLER L L, VALSANGKAR A J, et al. Performance of induced trench culverts in New Brunswick[C]//In: Proceedings of the Annual Conference of the Transportation Association of Canada, Saskatchewan, Sask, 2007: 14-17.

[44] MCAFFEE, RODNEY P, VALSANGKAR A J. Field performance, centrifuge testing and numerical modelling of an induced trench installation[J]. Canadian Geotechnical Journal, 2008, 45(1): 85-101.

[45] LEE H J, ROH H S. The use of recycled tire chips to minimize dynamic earth pressure during compaction of backfill[J]. Construction and Building Materials, 2007, 21(5): 1016-1026.

[46] VASLESTAD J. Load reduction on buried rigid pipes. In: Proceedings of the International Conference on Soil Mechanics and Foundation Engineering(V2)[M]. Deformation of Soil and Displacements of Structures, Norwegian, 1991: 771-774.

[47] VASLESTAD J, JOHANSEN T H, HOLM W. Load reduction on rigid culverts beneath high fills: long-term behavior[R]. Transportation Research Record: Journal of the Transportation Research Board, 1993: 58-68.

[48] 王晓谋. 关于上埋式管道垂直土压力的减荷措施研究[D]. 西安:西安公路学院,1986.

[49] 王晓谋,顾安全. 上埋式管道垂直土压力的减荷措施[J]. 岩土工程学报,1990,12(3):83-89.

[50] 顾安全,杨福林. 高填土涵洞土压力与变形及其减荷措施的试验研究[D]. 西安:长安大学,2003.

[51] 顾安全,郭婷婷,王兴平. 高填土涵洞(管)采用EPS板减荷的试验研究[J]. 岩土工程学报,2005,27(5):500-504.

[52] 顾安全,吕镇锋,姜峰林,等. 高填土盖板涵EPS板减荷试验及设计方法[J]. 岩土工程学报,2009,31(10):1481-1486.

参考文献

[53] 刘静. 高填路堤涵洞土压力理论及减荷技术研究[D]. 西安：长安大学，2004.

[54] 王俊奇. 聚苯乙烯塑料泡沫减小埋涵土压力的研究[D]. 武汉：武汉大学，2003.

[55] 康佐，谢永利，冯忠居，等. 应用离心模型试验分析涵洞病害机理[J]. 岩土工程学报，2006，28(6)：784-788.

[56] 康佐，谢永利，杨晓华，等. 减荷拱涵周围土体位移变化的离心模型试验[J]. 岩土工程学报，2006，19(6)：13-18.

[57] 罗继前，陈忠平，杨航宇. 高填土路堤下的箱涵设计施工新技术[J]. 中南公路工程，2004，29(3)：101-104.

[58] 张卫兵，刘保健，谢永利. 上埋式刚性结构物土压力调整方法[J]. 岩石力学与工程学报，2005，24(S2)：5756-5761.

[59] SUN L, HOPKINS T, BECKHAM T. Long-Term Monitoring of Culvert Load Reduction Using an Imperfect Ditch Backfilled with Geofoam[J]. Transportation Research Record: Journal of the Transportation Research Board, 2011: 56-64.

[60] 杨锡武，张永兴. 山区公路高填方涵洞加筋桥减载方法及其设计理论研究[J]. 岩石力学与工程学报，2005，24(9)：1561-1571.

[61] 杨锡武. 山区公路高填方涵洞土压力计算方法与结构设计[M]. 北京：人民交通出版社，2006.

[62] DANCYGIER A N, YANKELEVSKY D Z. A soft layer to control soil arching above a buried structure[J]. Engineering structures, 1996, 18(5): 378-386.

[63] 郝宪武，白青霞. 填埋式管道土压力的弹粘塑性有限元分析[J]. 西北建筑工程学院学报，1994，(3)：6-11，34.

[64] 白冰. 聚苯乙烯泡沫塑料的测试及其在土工中的应用[J]. 岩土工程学报，1993，15(2)：104-108.

[65] 白冰. 高填土下刚性结构物竖向土压力减荷方法[J]. 岩土力学，1997，18(1)：35-39.

[66] SUN L, HOPKINS T, BECKHAM T. Stress reduction by ultra-lightweight geofoam for high fill culvert: numerical analysis[C]// In: Hani H Titi. Geotechnical Applications for Transportation Infrastructure Featuring the Marquette Interchange Project in Milwaukee, Wisconsin. Milwaukee, Wisconsin: ASCE, 2005: 146-154.

[67] KANG J, PARKER F, YOO C. Soil-structure interaction and imperfect trench installations for deeply buried concrete pipes[J]. Journal of Geotechnical and Geoenvironmental Engineering, 2007, 133(3): 277-285.

[68] ALAGIYAWANUA A M N, SUGIMOTO M, SATO S, et al. Influence of longitudinal and transverse members on geogrid pullout behavior during deformation[J]. Geotextiles and Geomembranes, 2001, 19(8): 483-507.

[69] BAKEER R M, ABDEL-RAHMAN A H, NAPOLITANO P J. Geotextile friction mobilization during field pullout text[J]. Geotextiles end Geomembranes, 1998, 16(2): 73-85.

[70] LOPES M L, LADEIRA M. Influence of the confinement, soil density and displace-

ment rate on soil-geogrid interaction[J]. Geotextiles and Geomembranes, 1996, 14 (10): 543-554.

[71] INGOLD T S. A laboratory simulation of reinforced clay wall[J]. Géotechnique, 1981, 31(3): 399-412.

[72] RICHARDSON G N, BOVE J A. Testing and monitoring of high strength geosynthetics [J]. Geotextiles and Geomembranes, 1987, 6(1-3): 157-172.

[73] KOKKALIS A A, PAPACHARISIS N. A simple laboratory method to estimate the in-soil behaviour of geotextiles[J]. Geotextiles and Geomembranes, 1989, 8(2): 147-157.

[74] PALMEIRA E M, MILLIGAN G W. Scale and other factors affecting the results of pull-out tests of grids bued in sand[J]. Géotechnique, 1989, 39(3): 511-524.

[75] 肖为民, 吴炎曦, 赵滇生. 土工织物摩擦力系数和模量估计[J]. 浙江工业大学学报, 1992, 20(4): 91-96.

[76] FARRAG K, ACAR Y B, JURAN I. Pull-out resistance of geogrid reinforcements[J]. Geotextiles and Geomembranes, 1993, 12(2): 133-159.

[77] 徐林荣. 筋土界面相互作用参数和加筋垫层处理软基的性状研究[D]. 长沙: 中南大学, 2001.

[78] GRAY D H, OHASHI H. Mechanics of fiber reinforcement in sand[J]. Journal of Geotechnical Engineering, ASCE, 1983, 109(3): 335-353.

[79] GRAY D H, TALAL A. Behavior of fabric versus fiber reinforced Sand[J]. Journal of Geotechnical Engineering, ASCE, 1986, 112(8): 804-820.

[80] INGOLD T S. Reinforced clay subjected to undrained triaxial loading[J]. Journal of Geotechnical Engineering, 1983, 109(5): 738-743.

[81] CHANDRASEKARAN B, BROMS B B, WONG K S. Strength of fabric reinforced sand under axisymmetric loading[J]. Geotextiles and Geomembranes, 1989, 8(4): 293-310.

[82] 马时冬, 王吉力. 加筋砂的三轴试验和小型载荷试验[J]. 地基处理, 1992, 3(2): 17-20.

[83] 俞仲泉, 李少青. 土工织物加固堤基的离心模型试验[J]. 岩土工程学报, 1989, 11(1): 67-72.

[84] 吴景海, 王德群, 陈环. 土工合成材料加筋砂土三轴试验研究[J]. 岩土工程学报, 2000, 22(2): 199-204.

[85] 魏红卫, 喻泽红, 尹华伟. 土工合成材料加筋黏性土的三轴试验研究[J]. 工程力学, 2007, 24(5): 107-113.

[86] TEMEL Y, JONATHAN T H, AHMET S. Bearing capacity of rectangular footings on geogrid-reinforced sand[J]. Journal of Geotechnical Engineering, 1994, 120(12): 2083-2099.

[87] 包承纲. 土工合成材料界面特性的研究和试验验证[J]. 岩石力学与工程学报, 2006, 25(9): 1736-1744.

参考文献

[88] ZHANG M X, ZHOU H, JAVADI A A, et al. Experimental and theoretical investigation of strength of soil reinforced with multi-layer horizontal-vertical orthogonal elements[J]. Geotextiles and Geomembranes, 2008, 26(1): 1-13.

[89] GUIDO V A, CHANG D K, MICHAEL S A. Comparison of geogrid and geotextile reinforced earth slabs[J]. Canadian Geotechnical Journal, 1986, 23(4): 435-440.

[90] 林开球, 包承纲. 织物加筋软基的实用计算方法及试验验证[J]. 长江科学院学报, 1992, 9(1): 47-56.

[91] HUFENUS R, RUEEGGER R, BANJAC R, et al. Full-scale field tests on geosynthetic reinforced unpaved roads on soft subgrade[J]. Geotextiles and Geomembranes, 2006, 24(1): 21-37.

[92] 胡启军, 谢强, 卿三惠. 加筋碎石垫层中双层土工格栅拉力特性试验研究[J]. 岩土力学, 2007, 28(4): 799-802.

[93] 朱湘, 黄晓明. 有限元方法分析影响加筋路堤效果的几个因素[J]. 土木工程学报, 2002, 35(6): 86-93.

[94] 顾长存, 杨庆刚, 张铮. 土工格栅加筋软土路堤的数值分析[J]. 河海大学学报(自然科学版), 2005, 33(6): 677-681.

[95] 毛林峰, 陈洪江, 么卫良. 土工格栅加筋路堤对软基位移场的影响[J]. 华中科技大学学报(城市科学版), 2006, 23(S1): 61-63.

[96] 张志清. 土工格栅加筋高填方黄土路堤稳定性分析[J]. 公路, 2007, (8): 115-118.

[97] 李永刚, 李力. 钢筋混凝土涵洞顶部垂直土压力影响因素研究[J]. 长江科学院院报, 2006, 23(6): 72-74, 79.

[98] 许建军, 张峻峰. 关岭至兴仁公路涵洞布置与选型[J]. 中国港湾建设, 2002, (1): 47-48.

[99] 张发祥. 拱形涵洞的受力分析和选型[J]. 河海大学学报, 1995, 23(3): 54-63.

[100] 陈素君. 高填土涵洞的基础设计[J]. 公路, 1998, (4): 37-39.

[101] 刘保健, 谢永利, 程海涛, 等. 上埋式公路涵洞地基及基础的设计[J]. 长安大学学报(自然科学版), 2006, 26(3): 17-20.

[102] ADEL H, MOHANMED A E. Ultimate bearing capacity of triangular shell strip footings on sand[J]. Journal of Geotechnical Engineering, 1990, 116(12): 1851-1863

[103] BRINKGREVE R B J, VERMEER P A. Finite Element Code for Soil and Rock Analysis[M]. Rotllendan: A. A. Balkema, 1998.

[104] 交通运输部. 公路桥涵设计通用规范: JTG D60—2015[S]. 北京: 人民交通出版社, 2015.

[105] 国家铁路局. 铁路桥涵设计规范: TB 10002—2017[S]. 北京: 中国铁道出版社, 2017.

[106] American Association of State Highway and Transportation Officials (AASHTO). AASHTO LRFD bridge design specifications, 2nd Ed. [S]. AASHTO, Washington D. C. 1998.

[107] CHEN Y M, CAO W P, CHEN R P. An experimental investigation of soil arching within basal reinforced and unreinforced piled embankments[J]. Geotextiles and Geomembranes, 2008, 26(2): 164-174.

[108] ABUSHARAR W S, ZHENG J J, CHEN B G. A simplified method for analysis of a piled embankment reinforced with geosynthetics[J]. Geotextiles and Geomembranes, 2008, 26(5): 39-52.